LETTRES À
UN JEUNE POÈTE
et autres lettres

RAINER MARIA RILKE

LETTRES À UN JEUNE POÈTE
et autres lettres

Traduction, avant-propos, notes et chronologie
de Claude PORCELL

GF Flammarion

© Flammarion, Paris, 1994.
Édition mise à jour en 2011.
ISBN : 978-2-0812-5453-4

« Arnaud Cathrine,

pourquoi aimez-vous *Lettres à un jeune poète* ? »

P arce que la littérature d'aujourd'hui se nourrit de celle d'hier, la GF a interrogé des écrivains contemporains sur leur « classique » préféré. À travers l'évocation intime de leurs souvenirs et de leur expérience de lecture, ils nous font partager leur amour des lettres, et nous laissent entrevoir ce que la littérature leur a apporté. Ce qu'elle peut apporter à chacun de nous, au quotidien.

Né en 1973, Arnaud Cathrine est l'auteur de plusieurs romans parus aux Éditions Verticales, parmi lesquels Les Yeux secs *(1998)*, L'Invention du père *(1999)*, La Route de Midland *(2001)* – qu'il a adapté au cinéma avec Éric Cara-vaca, sous le titre Le Passager –, Sweet Home *(2005)*, La Disparition de Richard Taylor *(2007) et* Le Journal intime de Benjamin Lorca *(2010)*. Il a accepté de nous parler des Lettres à un jeune poète, *et nous l'en remercions.*

**Quand avez-vous lu ce livre pour la première fois ?
Racontez-nous les circonstances de cette lecture.**

Je suis en terminale littéraire à Bourges. J'ai dix-sept
ans. Je viens de découvrir la philosophie grâce à un professeur exalté, passionnant et assez drôle. Il s'autorise
notamment des incises qui me plaisent et me désar-
çonnent : je me rappelle, par exemple, ce jour où il nous
parla de Proust (Monsieur Paradis, c'est son nom, nous
parlait tout autant des philosophes que des écrivains ;
tous ceux qui, en somme, donnent matière à penser) :
« Comment ça, vous n'avez pas encore lu une ligne de
Proust ?! » Début d'embarras dans la classe... Et lui
d'ajouter : « Quelle chance vous avez ! Avoir encore
Proust devant soi ! Réjouissez-vous ! » Je ne peux pas
m'empêcher d'aller le trouver un jour à la fin du cours
et de céder à la confidence : « Monsieur... Je voudrais
vous dire quelque chose... Voilà, en fait : j'écris... » Je
ne sais pas si je vais jusqu'à formuler : « Je veux *être
écrivain.* » De même, je ne sais plus très bien si je lui
donne quelques nouvelles à lire (je crois bien). Quoi qu'il
en soit, voici sa réponse, son geste : il m'offre *Lettres à
un jeune poète* de Rilke. Je suis incroyablement touché.
Et puisque ça vient de LUI, je sais que ce livre est important et qu'il recèle des choses qui sauront nécessairement
« me parler »...

**Votre coup de foudre a-t-il eu lieu dès le début
du livre ou après ?**

Immédiatement. Et totalement.
D'abord, il y a la parole de Rilke et ce premier principe
incontournable : la nécessité d'écrire. « C'est cela avant
tout : demandez-vous à l'heure la plus silencieuse de
votre nuit : suis-je *contraint* d'écrire ? » À l'époque, et
aujourd'hui encore, je réponds oui. Qu'on m'eût interdit

l'écriture et je serais mort intérieurement. Un « irrépressible besoin », dit Rilke. Rien qui me soulage plus, à
l'époque, que de trouver cet écho. J'ignore comment était
considérée chez moi cette activité relativement clandes-
tine, mais il me plut de voir associée l'écriture à autre
chose qu'un divertissement. Bien sûr, je reconnais
aujourd'hui qu'il entre une part de jubilation ludique
dans l'écriture mais, du haut (ou plutôt du bas) de mes
dix-sept ans, j'ai grand besoin de voir reconnue cette
expérience qu'il nomme : « irrépressible besoin ». Je pré-
fère même ce qualificatif : « contraint ». Pas de choix possible. C'est ce que je dirai (pensé-je pour m'encourager à
l'époque) si l'on me reproche d'écrire plutôt que de travailler en classe ! Mais plus dure, je le savais, serait
l'application du « précepte » qui suit sous la plume de
Rilke : « alors, construisez votre vie en fonction de cette
nécessité ». A-t-on l'espace pour vivre de sa plume
aujourd'hui ? En ai-je le talent ? Autant de questions qui
me taraudaient…

Il y a donc cette parole de Rilke qui me « légitime »,
d'une certaine façon, dans mon geste d'écriture, et puis
il y a le jeune Franz Xaver Kappus, le destinataire des
lettres. Comment ne pas m'identifier ? J'ai dix-sept ans.
J'écris depuis quelques chétives années. Je sais bien que
je ne fais que *naître* à l'écriture – et encore : naîtra-t-il
seulement un écrivain ? Je reçois donc comme pour moi-
même la franchise de Rilke (et peut-être dois-je entendre,
en filigrane, mon professeur de philosophie qui me
parle) : « vos vers n'ont pas de manière propre, mais
recèlent assurément, discrets et dissimulés, les détours de
quelque chose de personnel ». Rilke ajoute : « quelque
chose qui vous est propre cherche à trouver ses mots et
sa musique ». Je comprends par là qu'un filet de voix
cherche sans doute à se faire entendre dans mes nouvelles
mais qu'on ne l'entend que de très loin pour lors. Oui,
ma vérité de l'époque est là : mes premières armes ne
sont que des exercices de style, des pastiches dont je

prends la mesure sitôt achevés. Ces mots durs mais fer-
tiles de Rilke me font entrevoir ce que je sais fort bien
au fond de moi, mais il n'est pas inutile que Rilke me le
rappelle, parce que j'aurais vite tendance à me persuader
que l'écrivain est déjà né.

**Relisez-vous ce livre parfois ?
A-t-il marqué vos livres ou votre vie ?**

Marqué ma vie d'écrivain, sans aucun doute. Mon
entrée en écriture. Mais non, je ne relis pas souvent ce
livre. En fait, cette lecture me fait un peu songer à ces
rares phrases, venues au bon moment et dans la bouche
de la bonne personne, qui ont parfois le don de changer
le cours de notre existence ou de nous indiquer un
chemin décisif qui ne se représentera pas si on le
manque ; ces rares phrases, il n'est pas besoin de les réen-
tendre trois fois ! On les attendait, on les guettait. J'attendais donc, sans le savoir, ces lettres de Rilke. J'attendais
cette autorisation à écrire et à faire de ma vie l'écriture.
Une fois trouvée, c'était pour de bon. Alors voilà : je n'ai
relu ces lettres que pour répondre avec plus d'exactitude
à vos questions. Et je ne regrette vraiment pas, cela dit,
de m'y être replongé et d'avoir, ainsi, retrouvé un
moment crucial de mon adolescence.

D'ailleurs, le prisme de lecture que je pouvais avoir à
dix-sept ans m'est tout de suite revenu, je veux dire : les
poses romantiques et un brin exagérées dans lesquelles je
me complaisais. Quand Rilke évoque la critique littéraire,
par exemple ; je sais qu'il m'a plu, à cette époque, de lire
sous sa plume : « Rien n'est moins capable d'atteindre
une œuvre de l'art que des propos critiques : il n'en
résulte jamais que des malentendus plus ou moins heureux. » Ah, la posture de l'incompris ! Je me protégeais
par avance ! Bon, je n'avais pas encore découvert Barthes
et Starobinski. Un autre exemple : « rentrer en soi-même

et sonder les profondeurs d'où jaillit votre vie » ; je jure-
rais que dans « profondeurs » j'ai lu « ténèbres » ; car
c'est bien *ma nuit* que j'avais besoin d'écrire. Ou encore :
« Recherchez la profondeur des choses : l'ironie n'y descend jamais. » Là encore, je suis certain que dans « ironie », j'ai lu « cynisme » ; en effet, c'est la chose contre
laquelle j'ai mis le plus de temps à me prémunir. Et combien je devais aimer quand Rilke, revenant une énième
fois sur la nécessité de l'écriture, assène : « il suffit, je l'ai
dit, de sentir que l'on pourrait vivre sans écrire pour n'en
avoir tout simplement pas le droit ». Pas le droit, carré-
ment ! Oui, ça me plaît, à l'époque, ça. Car je me sens élu,
je suis volontiers élitiste, si on veut, tout aussi définitif et
sans mesure que Werther l'est avec l'amour !

Quels sont vos passages préférés ?

Il me faut là adopter mon point de vue d'adulte (même
si je ne sais toujours pas vraiment ce que recouvre le
terme…). J'ai été très étonné de redécouvrir les nombreux passages que Rilke consacre à la sexualité – nous
sommes en 1903, tout de même – et combien il encourage
le jeune poète à *s'inventer* : « parvenez à conquérir une
relation au sexe qui vienne de vous-même, des dispositions et de la manière d'être qui sont les *vôtres*, de l'expérience, de l'enfance et de la force qui sont les *vôtres* (hors
de toute influence des conventions et des mœurs), alors
vous n'aurez plus à craindre de vous perdre ou de devenir
indigne de ce que vous possédez de plus précieux ». Rilke
paraît souvent solennel dans ses lettres, et un peu « sérieux », il faut bien dire, mais combien il est en avance
sur son temps ! Il envisage la sexualité comme l'une des
grâces de l'existence et enjoint à faire fi des conventions
pour trouver sa voie propre. Je trouve ça assez sidérant
et réjouissant.

De même, il compare l'écriture à la sexualité avec ce
dénominateur commun : le Désir. Je ne m'attendais pas

du tout à trouver là cette comparaison qui m'a toujours semblé être la plus éclairante pour comprendre cette sève si mystérieuse qu'est l'inspiration littéraire. Prenez toutes les situations de la vie passionnelle et amoureuse et vous trouverez leur équivalent dans la relation d'un auteur avec l'écriture : attraction violente, panne, désamour, lassitude, douleur, imprévisibilité, retour en grâce… L'écriture est totalement à l'image de la sexualité, du Désir. Cela rejoint d'ailleurs la position du lecteur. Comme disait Valéry : « N'entre pas ici sans désir. » Il faut du désir pour aimer, écrire et lire. Sans désir : avarie, banqueroute, ennui.

Enfin, j'aime infiniment ce que Rilke dit de la tristesse. Pour le coup, j'ai littéralement découvert ce passage, je n'en avais aucun souvenir. Peut-être n'étais-je pas prêt à entendre, comprendre, ou peut-être étais-je obnubilé par les questions qui concernaient l'écriture purement. Rilke énonce, en substance, qu'il ne faut pas se méfier de la tristesse. Seules les tristesses qu'on dénie et refoule sont dangereuses car elles nous creusent au-dedans. Au reste, la tristesse nous traverse et nous change : « Mais demandez-vous, je vous en prie, si ces grandes tristesses ne vous ont pas bien plutôt traversé en plein milieu. Si beaucoup de choses ne se sont pas métamorphosées en vous, si quelque part, en un point quelconque de votre être, vous ne vous êtes pas transformé pendant que vous étiez triste. »

Y a-t-il selon vous des passages « ratés » ?

Jamais je ne pourrais employer ce qualificatif s'agissant d'un auteur tel que Rilke.

Ces lettres restent-elles pour vous, par certains aspects, obscures ou mystérieuses ?

Nous sommes en 1903. Alors oui : quelques passages sont un peu datés. Quoi de plus normal ? La lettre du

23 décembre 1903 et celle du 14 mai 1904, notamment, m'ennuient. La relative grandiloquence confine parfois au prêche... Mais qui connaît réellement et profondément la pensée de Rilke (ce qui n'est pas mon cas) peut sans nul doute faire entrer ces passages en résonance avec d'autres pans de son œuvre et dépasser mon impression qui n'est, je le concède, qu'une « petite opinion ».

Quelle est pour vous la phrase ou la formule « culte » de cette œuvre ?

« Nous sommes seuls. »

Dans la première traduction que j'ai eue en main, c'était, je m'en souviens très bien car je l'avais noté comme un slogan existentiel : « Nous sommes solitude. »

Oui, on est seul. Et je veux croire qu'on écrit pour l'être un peu moins. Entre autres choses, car il y a bien d'autres raisons d'écrire, de trouver la nécessité de l'écriture. De même, on lit pour être un peu moins seul.

L'amour, l'amitié, l'art et la vie plus généralement tentent de nous faire oublier cette solitude mais elle est là, fondamentale, par-delà les beaux leurres que nous nous inventons.

Si vous deviez présenter ce livre à un adolescent d'aujourd'hui, que lui diriez-vous ?

Je laisserais la parole à Rilke lorsqu'il dit au jeune poète : « soyez attentif, en tout cas, à ce qui se lève en vous, et mettez-le au-dessus de tout ce que vous remarquez autour de vous ».

Vous êtes-vous déjà trouvé dans la position du « jeune poète » écrivant à l'un de ses maîtres pour lui demander conseil ?

Souvenir des *Lettres à un jeune poète* ou pas, j'ai tenté, à l'âge de dix-huit ans, d'entrer en correspondance avec deux ou trois écrivains. Je ne peux évoquer ces épisodes sans embarras car l'un d'eux (que je continue à admirer) m'a répondu une très longue et belle lettre. Alors qu'ai-je fait ? Je lui ai renvoyé six pages ! Il a dû flairer l'écrivaillon encombrant (que j'étais) et ne m'a plus jamais répondu... J'ai un peu honte de mon insistance et je ne voudrais, pour rien au monde, relire ces lettres qui devaient être hautement pathétiques...

Pour vous, l'écriture est-elle, comme le suggère Rilke, un choix de vie ?

Absolument. Un choix de vie de plus en plus difficile à tenir. Une seconde activité professionnelle est d'ailleurs bien souvent indispensable. Outre les mythologies agaçantes qui nous collent malencontreusement à la peau (celles du dilettantisme, et j'en passe), la place de l'écrivain devient décidément singulière dans une société où l'on demande aux adolescents de choisir un *vrai* métier de plus en plus tôt (on appelle ça « filière », mais ça contraint au choix à un moment où l'on n'a pas forcément de choix ferme en soi), plus sûrement dans une société qui cultive le formatage des vies, où les métiers artistiques qui font rêver sont souvent associés à la gloire (je devrais dire : la « gloriole », les modèles se voyant tristement incarnés par des feux de paille télévisuels). Que vient faire là-dedans un écrivain ? Sans compter que l'écriture n'apparaît pas, de prime abord, comme un *vrai* métier. On ne sait pas quand travaille un écrivain, on ne sait pas comment *ça arrive*, c'est énigmatique, tellement loin de la vie de bureau (ce qui m'arrange bien). L'écriture est à la marge de notre petit monde aseptisé, bien rangé et obsédé par la rentabilité. Plus que jamais, on se méfie de ce qui est à la marge. Et même, on jalouse, très secrètement, ce qui est à la marge (je ne parle pas des démunis, bien sûr). On a bien raison d'ailleurs d'envier la liberté des auteurs car, à condition de parvenir à vivre avec les aléas assez rock and roll concernant les rentrées d'argent, un écrivain est libre, absolument libre ! Ça, c'est un choix de vie, non ? Passés ces deux fondamentaux (pouvoir répondre à une nécessité intérieure et être libre), l'écriture est pourtant bien loin des stéréotypes connus : l'écriture est un labeur, un vrai labeur. Elle connaît des moments de bonheur et de grâce, mais c'est un travail. Rilke parle merveilleusement bien de ça aussi, cette rigueur, cette solitude, cette profondeur dans laquelle il faut aller, cette exigence. J'adore la vie de Françoise Sagan et j'adore Françoise Sagan, mais toutes les vies d'écrivain ne ressemblent pas à la sienne. Et encore : on a totalement caricaturé sa vie. Ce n'était pas qu'une fête…

Votre goût pour Rilke porte-t-il sur ce seul texte, ou aimez-vous aussi d'autres œuvres de cet auteur ?

Pour lors, Rilke m'a dit ce qu'il avait à me dire. C'était une rencontre fulgurante et qui concerne mon entrée en écriture. Je ne l'ai jamais retrouvé depuis. Mais qui sait : un jour peut-être…

Vous êtes-vous intéressé à la vie de Rilke ? Quelque chose dans cette vie vous a-t-il marqué ?

À l'époque où je découvre ces lettres, je ne cherche pas du tout à savoir de quoi la vie de Rilke est faite. Ce qui est écrit dans ce livre miraculeux me suffit en soi. Il s'est passé exactement la même chose, quelques années plus tard, avec cette reproduction du *Cri* de Munch que j'ai gardée dix ans dans mon salon sans chercher à m'expliquer pourquoi ce visage tourmenté me touchait. Je n'ai découvert que bien plus tard la vie de Munch, de même que les liens profonds qui me lient à lui. Il en va ainsi pour Rilke dont j'ai appris, il y a peu, qu'il lui a fallu – tout comme à Munch – batailler pour échapper à sa famille et au destin (militaire, en l'occurrence) qu'on

avait tracé pour lui. Partir et s'engager dans l'art, c'était
là sa nécessité, son intransigeance première, tel Munch
qui annonça un beau jour à son père qu'il ne serait pas
ingénieur mais peintre. Franz Xaver Kappus dit lui aussi
s'être vu à un moment de sa vie « au seuil d'une carrière
[qu'il] ressentai[t] comme parfaitement contraire à [s]es
inclinations ». Cette sortie au forceps de l'adolescence
pour embrasser un devenir incertain, celui d'artiste, mue
pourtant par une obligation intime, ne peut que me tou-
cher. En effet, même si mes parents ont respecté mon
vœu (une fois verbalisé), il n'en reste pas moins qu'ils
n'ont pas manqué de s'inquiéter et d'insister pour que je
m'engage dans une carrière scientifique ; il n'y avait là
que de très bonnes intentions de leur part ; seulement
non : je ne voulais qu'écrire, je ne pouvais qu'écrire. Et
partir moi aussi. Mon grand-père maternel (qui, à l'âge
de treize ans, annonça à son propre paternel qu'il allait
arrêter ses études pour devenir musicien) encouragea ver-
tement mes parents à me laisser libre de ce choix.

Bref : ce n'est que des années après m'être plongé dans
les œuvres de Munch et de Rilke, entre autres, que j'ai
découvert quelle intuition inconsciente m'avait poussé
vers elles. C'était une part commune « en filigrane » que
je soupçonnais là… Comme tous ces gens vers qui l'on
va à l'aveugle et dont on découvrira chemin faisant ou
bien après les avoir rencontrés pourquoi l'on est allé vers
eux, et quel dévoilement ils avaient à nous apporter, quel
miroir ils s'apprêtaient à nous tendre…

Le mot de la fin ?

Je le laisse à Rilke lui-même, comme un horizon de
vie : « ne point calculer, ni compter ; mûrir comme
l'arbre, qui ne fait pas monter sa sève plus vite qu'elle ne
va et se dresse avec confiance au milieu des tempêtes du
printemps sans avoir peur que ne vienne aucun été ».

AVANT-PROPOS

On peut s'étonner de l'assurance, teintée de quelque supériorité, que manifeste dans ces *Lettres à un jeune poète* un auteur de vingt-sept ans dont les premiers essais ne sont pas les coups de maître de Rimbaud. Son correspondant, il est vrai, n'a pas encore tout à fait vingt ans quand, en 1902, il lui demande conseil. Et René Maria Rilke — qui ne germanise son prénom que lors de son séjour à Berlin en 1898 — s'est fait connaître très tôt, à Prague, puis à Munich, par une activité littéraire débordante et désordonnée, donnant aux revues des nouvelles et de la poésie, tentant sa chance au théâtre et publiant des recueils qu'il reniera plus tard, comme ce *Vie et Chansons* de 1894 qu'il fera retirer des librairies. Lorsqu'il insiste sur l'ordre et la patience, Rilke sait donc de quoi il parle. Certains épisodes des *Deux histoires pragoises* (1899) reflètent ironiquement cette « vie d'artiste », comme on dit, cet affairement de groupes, de clubs, de cafés littéraires et de grands projets.

Mais se faire connaître et reconnaître, c'est le prix à payer pour échapper à l'emprise de la famille, qui veut faire de lui un militaire — carrière enviée dans l'empire austro-hongrois, et que son père n'a pas pu embrasser — ou, à défaut, un juriste. Si le destinataire des *Lettres*, Franz Xaver Kappus, est à l'« académie militaire » de Wiener-Neustadt, le jeune Rilke a souffert dès l'âge de neuf ans à l'école militaire de Sankt-Poelten, puis à celle de Weisskirchen-en-Moravie, pour lesquelles il n'était manifestement pas fait. On cite à juste titre, comme résumé de cette expérience fondamentale, la formule que Rilke emploie le 2 décembre 1915 dans une lettre à la princesse Marie de Tour et Taxis, « *un abécédaire de l'épouvante* », ou encore sa réponse à l'imprudent général von Sedlakowitz, qui avait cru bon, en 1920, de se rappeler au bon souvenir de l'élève désormais illustre : « *Je n'aurais, je crois, pas pu réaliser ma vie, ou ce que je peux appeler ainsi maintenant au petit bonheur sans en embrasser la totalité, si je n'avais passé des dizaines d'années à renier et à refouler tout ce qui me rappelle les cinq années de mon éducation militaire ; que n'ai-je pas fait, même, pour ce refoulement ! Il y a eu des époques où la moindre influence venue de ce passé que je refuse aurait pu détruire la conscience nouvelle et singulière que je me battais pour conquérir —, et il m'a fallu, quand, d'aventure, il cherchait à s'imposer de l'intérieur, il m'a fallu m'élever au-dessus de lui comme au-dessus de quelque chose qui appartient à une vie totalement étrangère, à vrai dire impossible à reconnaître.* »

Ainsi Kappus, qui se croit poète, voit-il des analogies entre sa situation et celle d'un aîné déjà tiré d'affaire, dont lui a aussi parlé le père

Horaček, « *aimable savant* » selon Rilke, et qui fut leur professeur à tous deux. Il n'a pas entièrement tort. Le ton des *Lettres* est trompeur : dans ces premières années du siècle, Rilke se cherche — comme il se cherchera toute sa vie, certes, mais sans trouver encore les réponses qui ne seront données que par l'œuvre elle-même, surtout juste avant la mort, dans l'illumination des *Sonnets à Orphée* et des *Elégies de Duino*. De sorte que, comme le montre le reste de la correspondance, notamment les lettres à Lou Andreas-Salomé, et comme le laisse transparaître la lettre à Kappus du 12 août 1904, les réponses sont en réalité des questions qui ne sont justement pas résolues pour Rilke lui-même, et qui resteront cruciales jusqu'à la fin de ses jours. Comme s'il possédait déjà la théorie, en rupture avec une adolescence brouillonne, mais était condamné à tenter désespérément toute sa vie de la mettre en pratique.

L'errance et la quête

Sa quête est aussi bien intellectuelle et spirituelle que, pourrait-on dire, géographique. Avant même l'effondrement de cet empire austro-hongrois incarné par une éducation haïe, Rilke y trouve d'autant moins de racines qu'il est lié pour lui à une mère superficielle, possessive et bigote, entichée de noblesse, qui s'invente une ascendance et voudrait fréquenter le grand monde de cette Vienne fin de siècle. Son fils, précisément, y parviendra en se situant à l'exact opposé de ce qui paraissait nécessaire

pour réaliser cette ambition, et de cette mère
qui est pour lui une *« paroi délavée n'apparte-
nant à rien »* où *« une quelconque porte dissimulée
dans la tapisserie »* a été son *« entrée dans le
monde — (si tant est qu'une pareille entrée puisse
mener au monde…) ! »* (A Lou, 15 avril 1904.)

Très tôt, donc, il s'échappe de Prague où il
avait commencé en 1895 des études littéraires,
pour s'inscrire en 1896, en histoire de l'art, à
l'université de Munich. Dès 1897, il entreprend son premier voyage en Italie, qui le
mène essentiellement à Arco, dans le Trentin.
Il y reviendra en 1898, poursuivant par un premier séjour à Viareggio et à Florence. Mais la
même année, ayant fait à Munich, en mai
1897, la connaissance de Lou Andreas-Salomé,
il va s'installer près de chez elle à Berlin, où il
reste jusqu'au début du mois d'octobre 1900,
étudiant entre autres la Renaissance italienne,
fréquentant les théâtres et les musées, rencon-
trant quelques-uns des grands écrivains de
l'époque. Au printemps 1899, il entreprend
avec Lou et le mari de celle-ci, le linguiste Carl
Andreas, son premier grand voyage en Russie,
qui lui permet de rencontrer notamment
Tolstoï et le peintre Léonide Pasternak, père
du romancier. Un deuxième voyage a lieu l'année suivante, pendant le printemps et l'été
1900, en compagnie cette fois de la seule Lou.
Rilke se familiarise avec la littérature, la peinture russes, et va jusqu'à écrire des poèmes
dans cette langue, comme il le fera plus tard en
français.

Au retour de ce voyage, à peine a-t-il touché
Berlin, le 26 août 1900, qu'il en repart aussitôt
pour Worpswede, près de Brême, où vivent des

artistes, peintres et sculpteurs, sur lesquels on lui a commandé un ouvrage. Il y rencontre Clara Westhoff, qui devient sa femme l'année suivante, mais avec qui il vivra peu.

Une autre commande l'amène en 1902 à Paris : c'est l'origine de l'essai sur Rodin, et surtout de deux rencontres fondamentales. Malgré la brouille entre 1906 et 1908, Rodin restera l'un des modèles, sinon *le* modèle, l'incarnation du véritable artiste. L'autre rencontre, c'est Paris même, où Rilke, entre ses divers voyages, habite rue Toullier, rue de l'Abbé-de-l'Epée, à Meudon, rue Cassette, à l'hôtel Biron, actuel musée Rodin. La liste de ses déplacements, dès ces années-là, est impressionnante, et la datation des *Lettres à un jeune poète* ne suit qu'une partie de ces mouvements. La première est de février 1903 et vient de Paris, en réponse à celle que Kappus a envoyée à la « fin de l'automne 1902 ». La deuxième et la troisième, d'avril 1903, sont écrites pendant le deuxième séjour à Viareggio. La quatrième, en juillet de la même année, à Worpswede. Les cinquième, sixième et septième à Rome, entre l'automne 1903 et le printemps 1904. Quelques mois plus tard, toujours en 1904, la huitième et la neuvième partent de Suède, où une correspondante avec qui il est en relation depuis 1902, Ellen Key, l'a fait inviter chez des amis. Il s'écoule alors près de quatre ans avant que n'arrive, de Paris à nouveau, la dernière de ces lettres publiées après la mort du poète par leur destinataire, qui ne reproduit pas les siennes propres.

Dans ces intervalles, Rilke séjourne donc à plusieurs reprises en Italie, en Allemagne,

accessoirement en Bohême et en Belgique.
Jamais, cependant, l'Europe centrale ne lui est
apparue comme un enracinement possible,
alors qu'il écrit à Lou le 15 août 1903 : « *Que
la Russie soit ma patrie, cela fait partie de ces
grandes et mystérieuses certitudes qui me font
vivre.* » Et encore le 17 mars 1926 à « une jeune
amie » : « *La Russie [...] est devenue, en un certain sens, le fondement de ma manière de vivre
l'expérience et de la recevoir, comme, à partir de
l'année 1902, Paris — l'incomparable — est
devenue la base de ma volonté de donner forme.* »
En français cependant, ce mot de *patrie*,
comme celui d'*apatride* qualifiant la vie dont
Rilke se plaint, induit facilement en erreur. Le
français n'offre guère d'autre possibilité pour
traduire le mot dont se sert Rilke, qui n'est pas
le terme guerrier et nationaliste, *Vaterland*, « le
pays des pères », l'entité politique ou même
ethnique. C'est le mot *Heimat*, qui, malgré
l'usage qu'ont pu en faire aussi le nationalisme,
puis le nazisme, désigne l'endroit où l'on est
« chez soi », « au foyer », le *lieu de naisssance*,
dont on est privé lorsqu'on est *heimatlos*.
Comme on le voit dans les fragments de correspondance que l'on vient de citer, cette
notion que, faute de mieux, nous appelons
« patrie » forme chez Rilke un tout, qui n'est
pas lié à un seul pays ni à un seul peuple, mais
recouvre un paysage, une façon d'être, d'appréhender le monde et de s'ouvrir à lui, et dont
il change à plusieurs reprises pour en faire au
bout du compte une sorte de synthèse : « *...oui,*
écrit-il le 30 décembre 1921 à Xaver von
Moos, *j'ai dû, pour pouvoir ne fût-ce que commencer, me détacher totalement des conditions for-*

mées par la famille et le pays natal [Heimat] *;
rejoindre ceux qui n'ont eu la possibilité que plus
tard, dans des patries choisies* [Heimat], *mettre à
l'épreuve la capacité de leur sang à les rendre forts
et à les porter.* »

Cette patrie ou ce pays natal, il les trouve
en Russie, en France, dans les plaines et les
grands vents du nord de l'Allemagne, en
Scandinavie ; en Italie même où, malgré ce
que laisseraient penser les lettres de Rome en
1904, des séjours à Capri et à Naples en
1907-1908, grâce à Alice Faehndrich, lui font
trouver ce dont il avait été frustré jusque-là ;
sur l'Adriatique, à Duino, grâce à la princesse
de Tour et Taxis, et, pour finir, à Muzot,
dans ce Valais où il a souhaité être enseveli.
L'Egypte (1911) et l'Espagne, où il passe l'hiver 1912-1913, seront également pour lui une
source de perceptions si importante qu'il fait
par exemple du chant des rameurs sur le Nil,
dans le fragment *Sur le poète*, le symbole
même de sa fonction.

La France occupe sans aucun doute une
grande place dans cette identité élective. Si le
début du premier séjour, en 1902, est une dure
expérience sociale, si le retour, après la guerre
de 14-18, est suffisamment décevant pour que
Rilke quitte Paris sans crier gare, las de mon-
danités peu productives, la vie intellectuelle et
artistique aussi bien que les paysages (de Paris,
mais aussi de la Provence) constituent un enracinement qui ne sera jamais démenti. Il n'y a
pas que Rodin et Cézanne, il y a aussi Proust,
que Rilke lit très tôt, et surtout Valéry, qu'il
verra encore dans les derniers mois de sa vie et
dont il traduit, entre autres, « Le Cimetière

marin ». Lorsqu'il revient après le cataclysme, Gide a mis en sûreté à la NRF les quelques affaires qu'il avait laissées...

Son lieu de naissance, comme le montrent bien les lettres à Kappus, Rilke, l'éternel errant, le transporte en lui-même : la patrie, c'est le lieu de l'accouchement de soi, de la création.

Encore faut-il que celle-ci soit possible. Elle exige des moyens de subsistance, un environnement point trop rebelle et de la concentration. Le reste ne dépend plus tout à fait de l'artiste lui-même, c'est l'impondérable de la « réussite ».

« ...j'ai de plus en plus la conviction — écrit-il à Lou Andreas-Salomé le 12 mai 1904, l'avant-veille de la septième lettre à Kappus — qu'un jour ou l'autre, obligatoirement, mon pain me viendra de mon travail ; car c'est un travail, qui donc, en tant que tel, est nécessaire, et il doit être possible (ou devenir possible) de le faire et d'en vivre, s'il est bien fait ». Et plus loin : « ...aussi longtemps que cela sera à peu près possible, je ne veux pas faire deux choses à la fois, séparer mon gagne-pain de mon travail, mais bien plutôt trouver les deux dans la concentration d'un même effort... »

Toutefois, c'est essentiellement grâce aux mécènes que l'errance de Rilke trouve quelques lieux de repos, c'est-à-dire de travail, qui seront ceux de la « réussite » suprême. Il ne peut pas nourrir sa famille : pour ce qui le concerne, quelques personnages fortunés met-

tront à sa disposition des retraites ouvrant sur
l'univers, comme cette forteresse de Duino qui
surplombe l'Adriatique et où l'accueille la princesse Marie de Tour et Taxis. Là surgiront en
1910-1912 les premières *Elégies*, achevées dix
ans plus tard dans la solitude du donjon de
Muzot, loué puis acheté pour Rilke par le
Suisse Werner Reinhart. Dans l'intervalle,
combien de châteaux, de villas, de domaines et
de logements n'a-t-il pas dû quitter, malgré,
parfois, une compagnie en même temps vivi-
fiante et discrète, qui sait respecter sa nécessaire solitude ?

Mais la quête d'une *patrie*, c'est aussi et surtout celle d'une *forme*, ou plutôt de la capacité
à donner forme, à modeler. Les années que
jalonnent les *Lettres à un jeune poète* sont
celles, très productives, d'une particulière
transition. Et l'on voit dans ces lettres se
former une esthétique nouvelle. Après les premiers recueils lyriques faits de préciosité, de
mélancolie et de narcissisme (*Offrande aux
Lares, Couronné de rêve, Pour me fêter, Avent*)
et les proses de jeunesse plus incisives, mais
teintées de naturalisme, de sentimentalité ou
de fantastique (*Au fil de la vie, Deux histoires
pragoises, Histoires du bon Dieu, Ewald Tragy*),
Paris produit un double choc : c'est d'abord
la découverte de la misère dans une métropole
où Rilke se sent très mal à l'aise, mais où il
décide d'affronter le *réel* ; c'est ensuite la formation du *regard*, au contact non seulement
de la ville, mais aussi, notamment, de Rodin
et de son œuvre, de l'*objet*. Les séjours à

Worpswede ont déjà préparé tout cela, mais,
après *Le Livre d'Images* (1898-1901), l'une des
résonances de ce double choc, encore liée à la
subjectivité, irrigue les poèmes du *Livre
d'Heures* (1899-1904, publié en 1905), avec
notamment sa section intitulée *Le Livre de la
Pauvreté et de la Mort*. Commencés seulement
à Rome en 1904, les célèbres *Cahiers de Malte
Laurids Brigge*, où se mêlent le rêve nordique
et la réalité parisienne, l'acuité du regard et
l'échec devant le réel, ne seront terminés et
publiés qu'en 1910. Mais en 1903 paraissent
coup sur coup l'essai sur le groupe de Worpswede et l'essentiel de la monographie *Auguste
Rodin* — à l'origine, deux commandes destinées à lui assurer quelques revenus, et qui se
révéleront comme le moyen d'élaborer une
vision nouvelle, une attention à ce que Rilke
appelle désormais la « chose » (*Ding*), devenue
tout un univers. C'est elle qu'il veut regarder,
comprendre, c'est à elle que l'homme doit
même ressembler (lettres à Kappus du 23
décembre 1903, du 12 août 1904), c'est elle
que l'art doit créer, rivalisant par là d'éternité
avec les choses de la nature. Ainsi naîtront les
« poèmes-choses » (*Dinggedichte*), parmi les
plus beaux et les plus connus, du recueil des
Nouveaux Poèmes (publiés en 1907-1908). En
1907, la grande rétrospective Cézanne au
Salon d'automne conforte ce passage du sentiment à l'objet. Lou mettra Rilke en garde
contre cette analogie entre l'art des volumes,
des surfaces et des couleurs, et celui qui n'est
fait que de mots.

Jusqu'au bout cependant, même quand l'art
de Rilke sera devenu prophétique, les principes

de l'activité artistique tels qu'ils sont martelés dans les *Lettres à un jeune poète*, les principes de « la belle ouvrage », aimerait-on dire, chère à celui qui veut rivaliser avec les producteurs d'objets, ces principes ne changeront pas.

La solitude

C'est d'abord la solitude, aussi nécessaire qu'impossible. Au lieu de la déplorer, dit-il à Kappus, il faut la prendre comme point de départ. Dans son *Rilke*, Lou Andreas-Salomé décrit celle de son ami comme préexistant en quelque sorte à sa personne, en un monde dont l'hostilité l'attend déjà. Dans nombre de lettres, comme celle du 8 août 1903 à la même Lou, le poète se dit incapable de vivre vraiment dans le monde des hommes, et moins encore avec une famille, qui n'est jamais pour lui qu'« *une visite qui s'incruste. [...] O Lou, dans un seul poème qu'il m'est donné de réussir, il y a bien plus de réalité que dans aucune relation ou dans toute l'affection que je peux ressentir ; [...]c'est là qu'est ma maison, c'est là que sont les personnages qui me sont vraiment proches, c'est là que sont les femmes dont j'ai besoin et les enfants qui grandiront et vivront longtemps* ».

Mieux que Schopenhauer : même un chien lui paraît de trop, lorsque, Villa Strohl-Fern, à Rome, il envisage cette éventualité.

Ni l'amitié, ni la passion, ni les femmes ne lui ont pourtant manqué, et il ne répondait sans doute que trop vite — à ne juger que selon ses propres critères — aux sollicitations de celles qui l'appelaient au secours. Marie de

Tour et Taxis ne se gêne pas pour le lui dire dans une lettre de 1915 : « *Et qu'avez-vous à toujours vouloir sauver de pauvres dindes, qui n'ont qu'à se sauver elles-mêmes — ou que le diable emporte les pauvres dindes — il les rapportera à coup sûr [...] C'est vous, c'est vous-même qui vous reflétez dans tous ces yeux —* »

Il y a l'épouse, Clara, avec laquelle il n'aura guère vécu, mais à qui il adresse de magnifiques lettres, laissant essentiellement leur fille Ruth, née en 1901, à la garde des grands-parents maternels. Il y a les femmes qui passent, si grand que soit l'amour. Il y a les amies, chaleureuses, intelligentes et dévouées. Et il y a Lou.

De quelque quinze ans son aînée, elle en avait trente-six au moment de leur rencontre, quand Rilke n'en avait pas encore vingt-deux. Lou Salomé (1861-1937) était née d'un général russe d'ascendance huguenote et d'une mère allemande ; elle était mariée depuis dix ans à Carl Andreas, spécialiste de langues asiatiques qui enseignait alors à Berlin, et plus tard à Goettingue. Elle habitait à cette époque Berlin-Schmargendorf et vint séjourner à Munich au printemps 1897. Nietzsche avait demandé sa main, elle avait déjà rencontré Freud et lui serait plus tard liée. Son livre sur le premier l'avait rendue célèbre, comme d'ailleurs le récit *Ruth* — nom que Rilke donne à sa propre fille. Il est pris de passion, s'installe pour l'été avec elle (et quelques autres amis) à Wolfratshausen, non loin de Munich, l'accompagne en octobre à Berlin, où il finit par venir habiter tout près des époux Andreas, à Schmargendorf, dans cette villa si bien nommée *Wald-*

frieden, « Paix de la forêt » (voir la lettre à Lou du 3 novembre 1903, datée de Rome). Il lui dédie le journal de voyage qu'il rédige en Italie au printemps 1898 et qu'il termine sur la Baltique (*Journal de Florence*). C'est à elle qu'il doit l'expérience russe qui le marquera tant. Mais au retour du second voyage, en août 1900, il gagne directement Worpswede et s'éloigne de Lou jusqu'en 1903.

Lorsqu'ils renouent, les rapports ne sont plus les mêmes, mais Lou restera jusqu'à la fin la sœur, la mère idéale, la bien-aimée, la seule femme, le seul être avec qui Rilke se sente totalement en confiance : une généreuse correspondance en témoigne. Elle est celle qui l'aide à accoucher de lui-même.

La profondeur et le poids

« *The hero is who is immovably centred* » : cette citation d'Emerson figure en épigraphe de l'essai de 1902 sur Rodin — « *Le héros est celui-là qui est immuablement concentré* », traduit Baudelaire dans son *Delacroix*, ajoutant que cette maxime « *peut également s'appliquer au domaine de la poésie et de l'art* ».

Si la solitude est nécessaire, c'est que rien ne peut venir que du fond de soi. Ce principe qui parcourt les *Lettres à un jeune poète* se retrouve partout dans l'œuvre et la correspondance. Il fonde l'autonomie et de l'art, et de l'artiste, dans l'opposition à un monde qu'il faut faire surgir du fond de soi-même pour le retrouver dans sa plénitude. La liberté aérienne du rapport total à l'univers ne s'acquiert que dans la difficulté de ce

20   LETTRES A UN JEUNE POÈTE

qui pèse, dans le poids de ce qui est difficile.
Schwer : mot récurrent et ambigu, qui signifie
tout à la fois, en allemand, *pesant* et *difficile*, et
qui permet à Rilke la métaphore du centre de
gravité, *Schwerpunkt* [1]. Mais ce mot de *gravité*,
en français, recouvre aussi ce que Rilke appelle,
si souvent, le *sérieux* (*Ernst*) : ne se confondant
pas avec le poids et la difficulté, il est la condition, l'attitude nécessaire pour qui veut les
découvrir et les assumer.

Ce que Rilke reproche quelque temps à l'Italie
— au moment de ces lettres, justement, — à
cette Italie qui, dans la tradition allemande, est
au contraire l'initiatrice au regard et à la clarté, à
la *forme* — c'est sa légèreté, son manque de sérieux,
qui font d'elle un décor de théâtre, une emphase,
un faux-semblant derrière lequel tout est mort,
même son passé : les ruines y sont comme arti-
ficielles, soutenues à grands frais dans un achar-
nement thérapeutique absurde. Capri — le Capri
de l'époque ! — lui fera cependant retrouver le fil
d'une tradition qui voit dans la Méditerranée la
profondeur d'un passé toujours à l'œuvre. Car
ce que l'on porte de toute manière au fond de soi
lorsqu'on a tout dépouillé, qu'on a atteint la pauvreté suprême, le centre à partir duquel, dans
l'art, une éternité est possible, c'est en fin de
compte son passé, son enfance.

L'enfance

C'est ce que Rilke dit à Kappus. Et même si,
comme il l'écrit à Sedlakowitz, il a dû « refou-

---

1. Voir la lettre à Kappus du 16 juillet 1903, p. 49.

ler » cette enfance — c'est le mot freudien qu'il emploie —, c'est avec elle et contre elle qu'il écrit.

Aussi refuse-t-il la psychanalyse, qu'il aurait pu facilement puiser à la source originelle. « ... *ce serait effrayant,* écrit-il à Lou le 9 septembre 1914, *de vomir ainsi son enfance par petits morceaux, effrayant pour quelqu'un qui n'en est pas réduit à dissoudre* à l'intérieur de lui-même *ce qu'elle a de non surmonté, mais qui est très précisément là pour le consumer en invention et en sentir, en choses, en animaux — que pourrait-il y avoir d'exclu ? — et s'il le faut, en monstres* ». Dès janvier 1912, après avoir brièvement envisagé une cure, il lui écrivait : « *Je sais maintenant que l'analyse n'aurait de sens pour moi que si je prenais vraiment au sérieux la curieuse arrière-pensée de* ne plus écrire *[...] Là, on aurait le droit de faire exorciser ses démons, puisque effectivement ils ne sont, dans la vie bourgeoise, qu'une pénible gêne, et si jamais les anges partaient en même temps, il faudrait aussi considérer cela comme une simplification et se dire que dans ce nouveau métier (lequel ?), ils ne trouveraient de toute façon pas à s'employer.* »

Il faut donc faire profit de cette enfance douloureuse que Rilke devine derrière les fenêtres, comme dans le fragment *Solitaires* (1903-1904, voir la lettre à Kappus du 23 décembre 1903) ou dans *Le jeune poète* (1913-1914) : « *Ses parents ne voient encore aucun avenir pour lui, ses maîtres croient être sur la piste de son déplaisir, son propre esprit rend le monde indistinct à ses yeux, et sa mort ne cesse de chercher en lui le meilleur endroit où le briser : mais si grande est l'irréflexion du ciel qu'il déverse ses flots dans ce réceptacle peu*

*fiable. Il y a une heure à peine, le coup d'œil le plus
fugitif de sa mère était capable d'embrasser la totalité de cet être ; à présent, elle ne saurait en mesurer
l'étendue — quand bien même elle ferait se
rejoindre la résurrection et la chute de l'ange. »*

L'enfance, pour Rilke, c'est aussi le gâchis
d'une instruction bâclée. A peu près autodidacte, il renoue toute sa vie avec le projet d'entreprendre de vastes études, quasi encyclopédiques. La lettre à Lou du 12 mai 1904,
prolongée par un ajout exhaustif du 13 mai, est
très touchante et très intéressante à cet égard.
Car il ne suffit pas de l'*invention* et de l'*appréhension* — ou plutôt, elles supposent un savoir,
un *travail* sur le *réel*.

« *Toujours travailler* »

Encore un leitmotiv obsédant que cette
maxime empruntée à Rodin, appliquée à
Cézanne et à tout véritable artiste. Elle est
reprise dans la lettre du 12 mai, dans l'ajout du
13, et appliquée le lendemain à l'amour (« *travailler sur soi-même* ») dans la lettre du 14 mai à
Kappus. Travail et patience sont une condition
indispensable tant à l'art qu'à la vie. Rilke se
conçoit d'abord comme un artisan. A propos
de Rodin : « *On percevra un jour ce qui a rendu si
grand ce grand artiste : c'est qu'il était un
ouvrier* [1]*, qui n'aspirait à rien d'autre qu'à entrer
tout entier, de toutes ses forces, dans la vile et dure
existence de son outil. Il y avait là une sorte de*

---

1. Le même mot *Arbeiter* signifie en allemand *ouvrier* et
travailleur.

*renonciation à la vie ; mais c'est justement grâce à
cette patience qu'il parvint à la conquérir : car c'est
le monde qui est venu à son outil. »*

Avec la meilleure volonté, cependant, cette
faculté de travailler n'est pas donnée en permanence. Nombre de lettres en font foi : il faut
une longue traversée du désert avant que, les
conditions matérielles, humaines, intellec-
tuelles étant enfin réunies, se produisent les
fulgurances des *Elégies* et des *Sonnets à Orphée*,
comme dans le surplus d'une grâce — qui n'a
rien de chrétien [1] et que Rilke appelle simplement *Glück*, chance, réussite, bonheur. Le 11
février 1922 — la dernière *Elégie* est enfin
achevée — il écrit à Marie de Tour et Taxis :

*« A l'instant, samedi 11, à six heures du soir,
elle est terminée ! —*

*Le tout en quelques jours, ce fut une tempête sans
nom, un ouragan dans l'esprit (comme autrefois à
Duino), tout ce qu'il y a de fibres et de tissus en
moi tonitruait, — il n'était pas question de
manger, Dieu sait qui m'a nourri.*

Mais à présent ça y est. Est. Est.

Amen. »

Rien n'est donné, et tout est donné : le travail est indispensable, mais il ne suffit pas.

Ces *Lettres à un jeune poète* répondent
moins, en somme, à la question *Qu'est-ce que
l'art ?* qu'à la question *Qu'est-ce que l'artiste ?*
Ce dont il s'agit avant tout, c'est un choix de
vie, le choix de l'impossible. C'est « par
impossible » que peut se produire la « réussite ». Dans sa sincérité, Rilke n'est pas très

---

1. Comme le montre la lettre du 13 novembre 1925 à son
traducteur polonais Witold Hulewicz.

tendre avec Kappus, même s'il recopie aima-
blement l'un de ses poèmes... pour le lui ren-
voyer. Quand tout est donné, il reste une différence : si le génie ne s'incarne que « par
impossible » dans la réalité, qu'en sera-t-il du
simple talent, du petit talent, ou de l'absence
de talent ? La seule vraie question est posée
dès la première des *Lettres à un jeune poète* :
« *Explorez le fond qui vous enjoint d'écrire ; vérifiez s'il étend ses racines jusqu'à l'endroit le plus
profond de votre cœur, répondez franchement à la
question de savoir si, dans le cas où il vous serait
refusé d'écrire, il vous faudrait mourir.* »

Rilke dit-il finalement autre chose que
Proust, Marguerite Duras ou Thomas Bern-
hard ?

Des lettres quotidiennes

On peut s'étonner encore de l'énorme correspondance laissée par ce fanatique de la solitude, qui a le plus grand mal à trouver un
asile où il ne soit pas dérangé. La première est
peut-être l'antidote de la seconde, une sorte
de vaccin qui lui donne la résistance et l'énergie nécessaires pour affronter par ailleurs ce
qu'il considère comme sa seule raison d'être.
Tout en consumant une bonne partie de son
temps, elle lui offre la situation idéale d'une
multiplicité de relations *à distance*. Les lettres
à Kappus portent, ici et là, la trace de l'importance que prend chez Rilke cette occupation. En 1920, comme vis-à-vis de Kappus, il
justifie son retard en écrivant, par exemple, à
Baladine Klossowska, qu'il appelle « Mer-

line » : « ...*pensez (je viens de les compter ce matin), j'ai fait 115 lettres, pas toutes de la longueur de celle au général S...* [1], *mais pas une qui n'ait moins de quatre pages et beaucoup qui en contenaient huit ou même douze d'une écriture assez serrée* ».

En même temps, la correspondance sert un peu de laboratoire à l'œuvre : on y voit apparaître des thèmes et des formes, on y trouve même des fragments retravaillés ailleurs. Et l'on ne peut faire autrement que de citer une fois de plus les mots du philosophe Rudolf Kassner : « *Œuvre et lettre sont ici comme l'habit et la doublure, mais cette dernière est d'un matériau si précieux qu'il pourrait bien venir à l'idée de quelqu'un de porter l'habit avec la doublure à l'extérieur.* »

Car ce ne sont pas de petites lettres, un bref salut amical, un billet concernant quelque question pratique, un petit mot de circonstance, voire une liste de blanchisserie, comme on en trouve tant dans la correspondance des artistes. Non, ce sont de longs textes où l'on sent que Rilke se met tout entier — et se met à nu lorsqu'il s'agit de Lou. De vrais morceaux de prose aussi, non point achevée encore comme celle de l'œuvre elle-même, moins claire, plus contournée, comme hésitante et plutôt répétitive : dans ces années 1903-1910 notamment, celle de quelqu'un qui se cherche. Certaines lettres à Clara ou à Lou sont en revanche de vrais chefs-d'œuvre (et, pour le traducteur, une épreuve de haute voltige).

1. Von Sedlakowitz. La lettre à Merline est rédigée en français.

L'habit et la doublure

Plutôt que d'adjoindre aux lettres à Kappus des textes plus tardifs sur la nature et la fonction de la poésie, auxquels les notes feront référence, nous avons donc choisi de présenter ici la médaille et son revers, l'habit et sa doublure. Certes, les *Lettres à un jeune poète*, ainsi nommées par leur destinataire et premier éditeur, ne sont pas une *œuvre* publiée comme telle. Elles ont acquis au fil du temps et de leur immense succès un statut ambigu : certaines éditions les classent dans la correspondance, d'autres dans les essais ou les textes sur l'art. Mais l'habit, ici, me paraît être l'attitude que Rilke adopte face à Kappus, cette assurance et cette autorité — réconfortantes sans doute pour le destinataire — qui cachent le désarroi dont est faite la doublure : désarroi précieux, car c'est sans doute à lui que nous devons l'œuvre. Il ne s'agit en aucune manière de réduire les textes à la biographie, ni de les « démystifier » ou de les « désacraliser », puisque, comme on l'a dit, les principes affichés dans les lettres à Kappus sont bien ceux qui ont gouverné jusqu'au bout le poète et son œuvre immense.

Quelques lettres sur les mêmes sujets (et chronologiquement voisines) adressées à Lou et à Friedrich Westhoff, le frère de Clara, expliciteront ces principes et montreront que les réponses de l'artiste sont d'abord des questions. Aux principes et aux questions répondront deux contre-exemples, deux figures de cet artiste achevé qui fascine Rilke comme un idéal : *Rodin*, que l'on retrouvera un peu par-

tout dans ces lettres — faute de pouvoir repro-
duire ici l'essai qui porte son nom, et singuliè-
rement sa première partie —, et *Cézanne*, dans
l'une des *Lettres à Clara sur Cézanne,* où il est
aussi question du *Chef-d'œuvre inconnu* de
Balzac.

Les textes sont ceux de l'édition originale
pour les lettres à Kappus, et de l'actuelle édition Insel pour les autres.

Les *Lettres à un jeune poète* sont l'un des
textes les plus célèbres de Rilke : il n'est pas
facile, pour un traducteur, de succéder à des
talents comme ceux de Bernard Grasset
(1937), Claude Mouchard et Hans Hartje,
Marc B. de Launay, sans parler de Philippe
Jaccottet et de Pierre Klossowski pour les lettres à Lou. Qu'il me soit permis de rendre un
particulier hommage à mon maître Claude
David, sous la direction de qui j'ai eu le bonheur de collaborer à l'édition des *Œuvres en
prose* dans la Bibliothèque de la Pléiade : tant
l'intelligence de sa traduction, nourrie à une
intime connaissance des textes, que la richesse
de ses commentaires m'ont été d'un indispensable secours.

Dans mon travail, j'ai essayé, comme toujours, de mettre en pratique, avec une double
préoccupation, les enseignements de mon autre
maître — et ami — Bernard Lortholary. La fort
belle et souveraine traduction de Grasset par
exemple — un peu comme celle de Gustave
Roud — tranche, coupe, résume, simplifie,
explicite, frappe : elle met en valeur la beauté
de cette prose, mais en la faisant passer chez le
couturier. Elle ressemble plus à la France élé-
gante de son époque qu'au style du jeune Pra-

gois exilé. La notion de traduction varie avec le temps, et, du reste, aucune traduction n'est éternelle. Il faut donc essayer de retrouver l'ambivalence de cette prose, raffinée, travaillée, condensée, parfois brillante, mais aussi torturée, souvent peu claire et ambiguë.

Encore aimerait-on, d'autre part, que le lecteur français soit en mesure d'apercevoir en quoi, même dans sa correspondance, Rilke est un prosateur : convenons-en, la traduction, elle aussi, est un art de l'impossible.

Claude PORCELL.

LETTRES A UN JEUNE POÈTE

INTRODUCTION

C'était à la fin de l'automne 1902 — j'étais
assis dans le parc de l'Académie militaire
de Wiener Neustadt, à l'ombre d'antiques
châtaigniers, et je lisais un livre. J'étais si
profondément plongé dans ma lecture que je
ne remarquai guère le seul de nos professeurs
qui ne fût pas officier, le bon et savant
Horaček, aumônier de l'Académie, lorsqu'il
vint se joindre à moi. Il me prit le volume des
mains, en examina la couverture et secoua la
tête. « Poèmes de Rainer Maria Rilke ? »
demanda-t-il, pensif. Puis il se mit à feuilleter
çà et là, survola quelques vers, regarda,
rêveur, vers le lointain et finit par hocher la
tête. « Ainsi, l'élève René Rilke est donc
devenu poète. »

Et j'entendis parler du jeune garçon chétif
et pâle que ses parents avaient mis, il y avait
plus de quinze ans, à l'école militaire prépa-
ratoire de Sankt-Poelten, afin qu'il devînt officier. Horaček y avait occupé, en ce temps-là,
les fonctions d'aumônier, et il avait gardé un
souvenir précis de cet ancien élève. Il me le

décrivit comme un jeune garçon calme,
sérieux, très doué, qui se tenait volontiers à
l'écart, supportait patiemment les contraintes
de la vie d'internat et, au bout de quatre ans,
était passé avec les autres à l'Ecole militaire
supérieure qui se trouvait à Weisskirchen-en-
Moravie. Là, à vrai dire, sa constitution s'était
avérée trop peu résistante, de sorte que ses
parents l'avaient retiré de l'établissement pour
lui faire poursuivre des études chez eux, à
Prague. Quels chemins extérieurs avait ensuite
pris son existence, c'était ce qu'Horaček n'aurait su dire.

On comprendra sans doute après cela que je
décidai sur l'heure d'envoyer à Rainer Maria
Rilke mes essais poétiques en le priant de me
donner son verdict. N'ayant pas encore vingt
ans, et juste au seuil d'une carrière que je res-
sentais comme parfaitement contraire à mes
inclinations, il me semblait que si je pouvais
espérer trouver quelque compréhension, c'était
chez le poète du livre *Pour me fêter*. Et sans que
je l'eusse exactement voulu, une lettre vit le
jour pour accompagner mes vers dans laquelle
je me mettais à nu comme je ne l'avais jamais
fait et comme je ne le fis jamais plus pour personne d'autre.

Il se passa bien des semaines avant que la
réponse n'arrivât. Ce courrier scellé de bleu
portait le cachet de Paris, pesait considérable-
ment dans la main et présentait sur l'enveloppe
les mêmes traits clairs, beaux et sûrs que ceux
dont le texte lui-même se composait de la première ligne à la dernière. C'est ainsi que com-
mença ma correspondance régulière avec
Rainer Maria Rilke, qui dura jusqu'en 1908

puis se tarit peu à peu [1], parce que la vie me faisait dériver vers des régions devant lesquelles la chaude, tendre et touchante sollicitude du poète avait justement voulu me mettre en garde.

Mais cela n'a point d'importance. Ne sont importantes que les dix lettres qui suivent, importantes pour la connaissance du monde dans lequel Rainer Maria Rilke a vécu et créé, importantes aussi pour bien des êtres en croissance et en devenir, aujourd'hui et demain. Et lorsqu'un grand parle, un unique, il ne reste aux petits qu'à se taire.

Berlin, juin 1929
Franz Xaver Kappus.

---

1. Il est probable en effet que Kappus n'a pas publié toutes les lettres de son correspondant.

Paris, le 17 février 1903 [1]

Cher Monsieur,
Votre lettre ne m'est parvenue qu'il y a quelques jours. Je tiens à vous remercier de la
grande, de l'aimable confiance qu'elle manifeste. Je ne peux guère faire davantage. Je ne
peux entrer dans une discussion sur la manière
de vos vers ; toute intention critique est en effet
trop éloignée de moi. Rien n'est moins capable
d'atteindre une œuvre de l'art [2] que des propos
critiques : il n'en résulte jamais que des malentendus plus ou moins heureux. Les choses,
quelles qu'elles soient, sont moins saisissables
et moins dicibles qu'on ne voudrait la plupart

1. Cette lettre est écrite lors du premier séjour de Rilke à
Paris, où il est arrivé en août 1902 pour se documenter en
vue de son essai sur Rodin et où il reste jusqu'en décembre
1903. Il habite alors 3, rue de l'Abbé-de-l'Epée, dans le Vᵉ
arrondissement, non loin du Luxembourg. La première
partie d'*Auguste Rodin* est publiée en décembre 1903. Par la
suite seront ajoutés le texte d'une conférence donnée en
Allemagne, des notes plus tardives, et enfin des notices pos-
thumes sur différentes œuvres du sculpteur.
2. Rilke écrit ici *Kunst-Werk* en deux mots (et non, selon
l'usage, en un seul mot composé) comme pour insister sur
chacun des éléments et souligner l'aspect artisanal de l'art
(*Werk* : œuvre/travail), sur lequel il s'étendra plus loin.

du temps nous le faire croire ; la plupart des événements sont indicibles, ils s'accomplissent dans un espace où jamais un mot n'a pénétré, et les plus indicibles de tous sont les œuvres de l'art, existences mystérieuses dont la vie, à côté de la nôtre, qui passe, est inscrite dans la durée.

Après cette remarque liminaire, il ne m'est permis d'ajouter que ceci : vos vers n'ont pas de manière propre, mais recèlent assurément, discrets et dissimulés, les débuts de quelque chose de personnel. C'est dans le dernier poème, « Mon âme », que je ressens cela le plus distinctement. Là, quelque chose qui vous est propre cherche à trouver ses mots et sa musique. Et dans le beau poème « A Leopardi [1] », on voit peut-être s'élever une sorte de parenté avec ce grand solitaire. Malgré cela, ces poèmes ne sont encore rien en soi, rien d'autonome, pas même le dernier, ni le poème à Leopardi.

La lettre pleine de bonté dont vous les avez accompagnés ne manque pas de m'expliquer plus d'un défaut que j'avais senti à la lecture de vos vers, sans pouvoir cependant l'appeler par son nom.

Vous demandez si vos vers sont bons. Vous me le demandez, à moi. Vous l'avez auparavant demandé à d'autres. Vous les envoyez à des revues. Vous les comparez à d'autres poèmes, et vous êtes agité quand certaines rédactions refusent vos tentatives. Eh bien — puisque vous m'avez autorisé à vous donner des conseils — je vous prie de laisser tout

1. Le grand poète romantique italien (1798-1837).

cela[1]. Vous regardez vers l'extérieur, et c'est
justement cela, plus que tout au monde, qu'il
vous faudrait éviter en ce moment. Personne
ne peut vous conseiller ni vous aider, personne.
Il n'y a qu'un moyen, un seul. Rentrez en
vous-même. Explorez le fond qui vous enjoint
d'écrire ; vérifiez s'il étend ses racines jusqu'à
l'endroit le plus profond de votre cœur,
répondez franchement à la question de savoir
si, dans le cas où il vous serait refusé d'écrire, il
vous faudrait mourir. C'est cela avant tout :
demandez-vous à l'heure la plus silencieuse de
votre nuit : suis-je *contraint* d'écrire ? Creusez
en vous-même jusqu'à trouver une réponse
profonde. Et si elle devait être positive, s'il
vous est permis de faire face à cette question
sérieuse par un simple et fort « *J'y suis
contraint* », alors, construisez votre vie en fonction de cette nécessité ; votre vie doit être, jusqu'en son heure la plus indifférente et la plus
infime, signe et témoignage de cet irrépressible
besoin. Puis approchez-vous de la nature. Puis
tentez, comme si vous étiez le premier homme,
de dire ce que vous voyez, ce que vous vivez,
ce que vous aimez et ce que vous perdez.
N'écrivez pas de poèmes d'amour ; fuyez pour
commencer les formes qui sont trop courantes,
trop ordinaires : ce sont les plus difficiles, car il
faut une grande force, parvenue à maturité,
pour donner quelque chose qui vous soit
propre là où sont installées en foule de bonnes
et parfois brillantes traditions. Aussi, réfugiez-
vous, loin des motifs généraux, auprès de ceux
que vous offre votre propre quotidien ; peignez

1. « tout cela » : Rilke, pour l'instant, veut dire seulement
« la critique » — et non les tentatives poétiques elles-mêmes.

vos tristesses et vos désirs, les pensées fugitives
et la foi en quelque beauté — peignez tout cela
avec une ardente, silencieuse, humble sincérité,
et servez-vous, pour vous exprimer, des choses
qui vous entourent, des images de vos rêves et
des objets de votre souvenir. Si votre quotidien
vous paraît pauvre, ne l'accusez pas ; accusez-
vous vous-même, dites-vous que vous n'êtes
pas assez poète pour en évoquer les richesses ;
car pour celui qui crée, il n'y a pas de pauvreté,
ni de lieu pauvre, indifférent. Et quand vous
seriez vous-même dans une prison dont les
murs ne laisseraient parvenir jusqu'à vos sens
aucun des bruits du monde, — n'auriez-vous
pas encore votre enfance, cette richesse pré-
cieuse, royale, cette chambre forte des souvenirs ? C'est vers elle qu'il vous faut tourner
votre attention. Essayez de faire remonter les
sensations enfouies de ce vaste passé ; votre
personnalité s'affermira, votre solitude s'agran-
dira pour devenir une demeure plongée dans la
pénombre, d'où l'on entend passer au loin le
bruit que font les autres. — Et si ce mouvement vers l'intérieur, cette plongée dans votre
propre monde donne naissance à des *vers*, alors
vous ne songerez pas à demander à qui que ce
soit si ce sont de bons *vers*. Vous ne tenterez
pas non plus d'intéresser des revues à ces travaux — car vous verrez en eux une propriété
naturelle et qui vous est chère, une part et une
voix de votre vie. Une œuvre d'art est bonne
quand elle est issue de la nécessité. Elle est
jugée par la nature de son origine, et par rien
d'autre. Aussi ne saurais-je, très cher Monsieur, vous donner d'autre conseil que celui-ci :
rentrer en soi-même et sonder les profondeurs

d'où jaillit votre vie ; c'est à sa source que vous trouverez la réponse à la question de savoir si vous êtes *contraint* de créer. Prenez-la telle qu'elle est, sans arguties. Peut-être s'avérera-t-il que vous êtes appelé à être artiste. Alors, acceptez-en le destin et portez-le, portez son fardeau et sa grandeur sans jamais demander aucun salaire qui puisse venir de l'extérieur. Car celui qui crée doit être pour lui-même tout un monde, et trouver toute chose en lui-même et dans la nature à laquelle il s'est lié.

Mais peut-être devrez-vous aussi, après cette descente en vous-même et dans votre solitude, renoncer à devenir poète (il suffit, je l'ai dit, de sentir que l'on pourrait vivre sans écrire pour n'en avoir tout simplement pas le droit). Même alors, cependant, l'introspection à laquelle je vous invite n'aura pas été inutile. C'est à partir de là que, dans un cas comme dans l'autre, votre vie trouvera ses propres chemins, et je vous souhaite plus que je ne saurais le dire que ces chemins soient vastes, riches et bons.

Que puis-je vous dire encore ? Chaque point me semble avoir reçu l'accent qui lui revenait à bon droit ; et en fin de compte, je ne prétendais vous donner d'autre conseil que celui de vous développer en suivant, dans le calme et le sérieux, votre propre évolution ; vous ne sauriez la perturber plus violemment qu'en regardant vers l'extérieur et en attendant de l'extérieur une réponse à des questions auxquelles seul votre sentiment le plus intime, à son heure la plus recueillie, est peut-être capable d'en donner une.

Ce fut une joie pour moi que de trouver dans votre lettre le nom du professeur Horaček ; je conserve pour cet aimable savant une grande révérence, et une gratitude que les années n'ont pas démentie. Voulez-vous, je vous prie, lui faire part de ces sentiments ; il a la grande bonté de se souvenir encore de moi, et j'en ressens tout le prix.

Je vous renvoie ici même les vers que vous m'avez amicalement confiés. Et je vous remercie encore pour l'ampleur et la cordialité de cette confiance, dont j'ai tenté, par la sincérité de cette réponse où j'ai mis tout ce que je peux savoir, de me rendre un peu plus digne que ne peut l'être réellement l'étranger que je suis pour vous.

Avec tout mon dévouement et toute ma sympathie,

Rainer Maria Rilke.

Viareggio, près Pise (Italie), le 5 avril 1903 [1]

Il faut que vous me pardonniez, très cher Monsieur [2], de ne rendre qu'aujourd'hui l'hommage de ma gratitude à votre lettre du 24 février : je n'ai pas cessé d'être souffrant, non pas vraiment malade, mais accablé par une fatigue qui ressemblait à celle de l'influenza et qui me rendait incapable de tout. Et pour finir, comme cela ne voulait décidément pas s'améliorer, je suis allé au bord de cette mer du Midi dont les bienfaits m'avaient une fois déjà tiré d'affaire [3]. Mais je n'ai pas encore retrouvé la

1. Rilke habite encore Paris, mais passe le mois d'avril en Italie, essentiellement à Viareggio, où il se trouve pour la deuxième fois et où il rédige *Le Livre de la Pauvreté et de la Mort*.
2. En allemand, la manière de s'adresser à un correspondant diffère de celle du français : à quelqu'un que l'on ne connaît pas personnellement, on écrit « Honoré (ou très honoré) Monsieur » — ce qui paraît bien incongru en français — et on ajoute généralement le nom de la personne — ce qui est incorrect dans notre langue, mais que nous avons conservé par la suite comme l'une des formes par lesquelles s'exprime dans ces lettres la gradation dans les nuances de la proximité.
3. En avril-mai 1898, où Rilke avait déjà séjourné à Viareggio, en passant par Arco et Florence.

santé, il m'est pénible d'écrire, et il vous faudra donc accepter ces quelques lignes pour plus qu'elles ne sont.

Vous savez naturellement que chacune de vos lettres me fera toujours plaisir, il vous faut simplement avoir quelque indulgence pour la réponse, qui vous laissera peut-être souvent les mains vides ; car au fond, et justement dans les choses les plus profondes et les plus importantes, nous sommes abandonnés à une solitude sans nom, et pour que l'on puisse conseiller, et plus encore aider quelqu'un d'autre, bien des événements doivent se produire, bien des processus doivent réussir, toute une configuration de choses doit se réaliser pour qu'on ait le bonheur d'y parvenir.

Je ne voulais aujourd'hui vous dire que deux autres choses : Ironie : ne la laissez pas se rendre maîtresse de vous, surtout dans les moments sans création. Dans les moments de création, essayez de vous servir d'elle comme d'un moyen supplémentaire de saisir la vie. Purement utilisée, elle est pure, elle aussi, et elle ne doit pas vous faire honte ; et si vous la sentez trop familière, si vous craignez cette familiarité grandissante, tournez-vous vers des objets grands et sérieux, devant lesquels elle devient petite et impuissante. Recherchez la profondeur des choses : l'ironie n'y descend jamais, — et quand vous parvenez ainsi au bord de ce qui est grand, vérifiez en même temps si cette façon de voir procède d'une nécessité de votre être. Car sous l'influence de choses sérieuses, ou bien elle se détachera de vous (si elle n'est que quelque chose de contingent), ou bien (s'il est vrai qu'elle vous appar-

tient comme quelque chose de réellement
inné) elle gagnera en force pour devenir un
outil sérieux, qui ira prendre sa place dans la
série des moyens avec lesquels vous devrez
donner forme à votre art.

Et la deuxième chose que je voulais vous
dire aujourd'hui, la voici :

Parmi tous mes livres, seuls quelques-uns me
sont indispensables, deux se trouvent même en
permanence, où que je sois, au milieu des
choses que je garde à portée de la main. Ils
sont d'ailleurs ici, non loin de moi : la Bible, et
les livres du grand poète danois *Jens Peter
Jacobsen* [1]. Il me vient à l'esprit que vous ne
connaissez peut-être pas ses œuvres. Vous
pouvez vous les procurer facilement, car certaines d'entre elles sont parues dans la Bibliothèque Universelle Reclam, dans une très
bonne traduction. Procurez-vous de
J. P. Jacobsen le petit volume *Six nouvelles* et
son roman *Niels Lyhne*, et commencez, dans le
premier petit volume, la première nouvelle qui
s'appelle *Mogens*. Tout un monde descendra
sur vous, le bonheur, la richesse, l'incompré-
hensible grandeur de tout un monde. Vivez un
moment dans ces livres, apprenez d'eux ce qui
vous semblera valoir d'être appris, mais surtout, aimez-les. Cet amour vous sera rendu des
milliers et des milliers de fois, et quoi que

1. Jacobsen (1847-1885) : écrivain, poète et botaniste
danois, qui s'intéressait beaucoup à l'évolutionnisme darwi-
nien. Mais ses œuvres, comme le roman *Niels Lyhne*, ou les
nouvelles *Mogens* et *Ici devraient être des roses* — dont il sera
question plus loin —, doivent peu à ses travaux de scientifique. L'intérêt de Rilke pour Jacobsen ne s'est jamais
démenti, comme le montre une lettre à Hermann Pongs du
17 août 1924.

puisse devenir votre vie, — cet amour, j'en suis sûr, traversera la trame de votre devenir comme l'un des fils essentiels parmi tous les fils de vos expériences, de vos déceptions et de vos joies.

S'il me faut dire qui m'a permis de savoir quelque chose sur la nature de la création, sa profondeur et son éternité, je ne peux citer que deux noms : celui de *Jacobsen*, ce grand, grand poète, et celui d'*Auguste Rodin*, le sculpteur qui n'a pas son égal parmi les artistes aujourd'hui vivants. —

Et puisse la réussite vous accompagner sur vos chemins !

Votre
Rainer Maria Rilke.

Viareggio près Pise (Italie), le 23 avril 1903

Votre lettre pascale, très cher Monsieur, m'a donné beaucoup de joie ; car elle disait à votre propos beaucoup de bonnes choses, et la manière dont vous y parliez de ce grand art, qui nous est cher, de Jacobsen, montre que je ne m'étais pas trompé en conduisant votre vie et les nombreuses questions qu'elle vous pose au bord de cette profusion.

Maintenant va s'ouvrir à vos yeux *Niels Lyhne*, livre de splendeurs et d'abîmes ; plus souvent on le lit — il semble tout renfermer, depuis la plus légère fragrance de la vie jusqu'à la saveur pleine et riche de ses fruits les plus lourds. Rien qui n'y ait été compris, saisi, éprouvé, reconnu enfin dans la résonance tremblante du souvenir ; rien de ce qui est vécu n'y est jugé trop infime, et le plus petit des événements s'y déploie comme un destin, et le destin lui-même est comme un vaste et merveilleux tissu où chaque fil, conduit par une main d'une infinie délicatesse, placé auprès d'un autre, est tenu et porté par cent autres fils. Vous allez éprouver le bonheur de lire ce livre pour la première fois, et vous irez à travers les innombrables surprises qu'il réserve comme dans un rêve nou-

veau. Mais je puis vous dire que plus tard encore,
on traverse ces livres avec un étonnement toujours neuf, qu'ils ne perdent rien de leur pouvoir
merveilleux et n'abandonnent rien de la féerie
dont ils submergent celui qui les lit pour la première fois.

A les reprendre, on n'éprouve que toujours
plus de volupté, toujours plus de gratitude, et
l'on n'en devient d'une certaine façon que
meilleur et plus simple dans le regard, plus profond dans la foi que l'on met en la vie, et dans la
vie plus heureux et plus grand.

Plus tard, il faudra que vous lisiez le merveilleux livre qui parle du destin et des désirs de
Marie Grubbe et les lettres, feuillets de journal et
fragments de Jacobsen, et enfin ses vers qui
(quoique la traduction n'en soit que médiocre)
vivent d'une vibration infinie. (Je vous conseille-
rais d'acheter à l'occasion la belle édition des
œuvres complètes de Jacobsen, qui contient tout
cela. Elle a paru en trois volumes et dans une
bonne traduction chez Eugen Diederichs, à Leip-
zig, et ne coûte, je crois, que cinq ou six marks le
volume.)

Pour ce qui est de votre avis sur *Ici devraient
être des roses...* (cette œuvre incomparable dans
sa finesse et dans sa forme), vous avez bien sûr,
à l'encontre de celui qui a fait l'introduction,
irréfutablement, irréfutablement raison. Et lais-
sez-moi tout de suite vous adresser cette
prière : lisez aussi peu que possible de choses
qui relèvent de la critique esthétique, — ce
sont ou bien des vues partisanes, pétrifiées et
vidées de tout sens par leur endurcissement
sans vie, ou bien ce sont d'habiles jeux de mots
par la grâce desquels c'est aujourd'hui cette

vue-là qui triomphe, et demain la vue opposée. Les œuvres de l'art sont d'une solitude infinie, et rien ne permet moins de les atteindre que la critique. Seul l'amour parvient à les saisir, à les soutenir, et peut leur rendre justice. — Donnez toujours raison à *vous-même* et à votre sentiment, contre toute sorte de semblable discussion, commentaire ou introduction ; s'il s'avérait que vous aviez tout de même tort, le développement naturel de votre vie intérieure vous conduirait lentement, avec le temps, à d'autres perceptions. Laissez à vos jugements, sans la perturber, la calme évolution qui leur est propre et qui, comme tout progrès, doit venir des profondeurs intérieures et n'être pressée ni accélérée par rien. *Tout* n'est que porter à terme, puis mettre au monde. Laisser chaque impression et chaque germe de sentiment parvenir à maturité au fond de soi, dans l'obscurité, dans l'indicible, l'inconscient, l'inaccessible à l'entendement, et attendre avec une profonde humilité, une profonde patience, l'heure de l'accouchement d'une nouvelle clarté : vivre dans l'art, c'est cela, et cela seul : pour comprendre aussi bien que pour créer [1].

Là, il n'y a point de mesure temporelle, une année ne compte pas et dix ans ne sont rien, être artiste signifie : ne point calculer ni compter ; mûrir comme l'arbre, qui ne fait pas monter sa sève plus vite qu'elle ne va et se

---

1. Ce thème de l'accouchement — de la clarté, de l'œuvre, de soi-même, voire de Dieu — est évidemment essentiel chez Rilke. Il se relie à l'idée de gestation patiente dans un lent devenir de la Nature où sont intégrés les humains, et au bout de laquelle, comme dans le *Livre d'Heures*, Dieu est toujours à venir — et à créer (voir la lettre du 23 décembre 1903).

dresse avec confiance au milieu des tempêtes du printemps sans avoir peur que ne vienne aucun été. Il viendra. Mais il ne viendra que pour ceux qui sont patients, qui sont là comme s'ils avaient l'éternité devant eux, dans l'insouciance de son calme et de son immensité. Je l'apprends tous les jours, je l'apprends dans la douleur, à qui j'en ai la gratitude : la *patience* est tout [1].

Richard Dehmel : l'impression que me font ses livres (comme, soit dit en passant, l'homme lui-même, que je connais un tout petit peu), c'est que, lorsque j'ai trouvé l'une de ses belles pages, je redoute toujours la suivante, qui peut tout détruire et retourner en quelque chose d'indigne ce que l'on pouvait aimer. Votre formule « vivre et écrire en rut » le caractérise fort bien [2]. — Et il est vrai que l'expérience artistique est si incroyablement proche de l'expérience sexuelle, de sa douleur et de sa jouissance, que ces deux phénomènes ne sont en fait que deux formes différentes d'un seul et

1. Les lettres à Lou, notamment celle du 25 juillet 1903 (voir ci-dessous, p. 105), montrent qu'en formulant ce principe, constant chez lui, Rilke s'exhorte aussi lui-même, face aux périodes de sécheresse, face à son incapacité provisoire à travailler, face à ce qu'il considère comme la pauvreté de l'œuvre accompli jusque-là.

2. Richard Dehmel : poète allemand de la fin du siècle (1863-1920) qui était alors très célèbre, et sur lequel Kappus avait interrogé Rilke. En 1903 paraissait son « épopée en forme de romances » intitulée *Deux Etres humains* [*Zwei Menschen*], où l'amour individuel se fondait dans un amour universel. Surtout, sa poésie philosophique et pathétique réhabilitait le rôle des sens dans le développement de l'individu et de l'humanité. La jeunesse de cette époque avait tendance à en faire un maître à penser, et c'est manifestement la question de Kappus qui introduit ici la discussion sur la place à accorder au sexe.

même désir [1], et d'une seule et même félicité.
Et si, au lieu de rut, on avait le droit de dire
— sexe, sexe dans toute la grandeur, l'ampleur,
la pureté du mot, loin des suspicions que fait
peser sur lui l'erreur des Eglises, l'art de
Dehmel serait très grand et d'une importance
infinie. Sa force poétique est grande, elle est
puissante comme un instinct primitif, elle porte
en elle des rythmes propres qui ne reculent
devant rien, et elle jaillit de lui comme un tor-
rent des montagnes.

   Mais il semble que cette force ne soit pas toujours tout à fait sincère ni sans pose. (Mais c'est

---

   1. Le mot employé ici est celui de *Sehnsucht*, qui a ses
lettres de noblesse, notamment dans le Romantisme,
comme expression de la *nostalgie*, de l'aspiration (plutôt
éthérée et mélancolique) à ce dont on est éloigné. On notera
que Rilke n'emploie pas, même pour le sexe, les mots
attendus de *Verlangen* ou *Begierde*. Ils seraient justement
trop péjoratifs à ses yeux, et c'est même la forme renforcée
de *Begierlichkeit* qu'il emploie pour stigmatiser la vision
négative du sexe imposée par le christianisme, dans un texte
de 1922 intitulé *Lettre du jeune ouvrier* : « *Ici, tout est défor-
mation et refoulement, alors que nous provenons de cet événement
de la plus grande profondeur, et qu'à notre tour, nous possédons
en lui le centre de nos ravissements.* » Et encore : « *Pourquoi
a-t-on privé le sexe de patrie, au lieu d'y placer la fête de notre
appartenance ? Bien, j'admettrai qu'il ne peut pas nous appar-
tenir, puisque nous ne sommes pas en mesure de répondre à une
félicité aussi inépuisable. Mais pourquoi notre appartenance à
Dieu ne s'ancre-t-elle pas à* cet endroit-là ? » La lettre à
Kappus du 16 juillet 1903 (la suivante) expose déjà cette
vue de la sexualité. En 1915, Rilke accorde une si grande
importance à l'expérience sexuelle et à ses relations avec
l'expérience artistique qu'il écrit sept poèmes (publiés seulement en 1956) à la gloire du phallus et de la femme
comme « Ciel ». Il écrivait à Lou le 20 février 1914 : « *Et
peut-être tout ce qui est phallique (je l'ai pré-pensé dans le temple
de Karnak, mais je n'étais pas encore en mesure de le penser)
n'est-il qu'une explicitation du secret humain dans le sens du
secret étalé par la nature.* »

là aussi l'une des plus difficiles épreuves qu'ait à
subir celui qui crée : il lui faut toujours rester cet
inconscient qui n'a pas la moindre idée de ses
meilleures vertus, s'il ne veut pas les priver de
leur candeur et de leur virginité !) Et puis lorsque
cette force, après avoir grondé à travers tout son
être, parvient aux choses du sexe, elle ne trouve
pas un homme aussi pur qu'elle en aurait besoin.
Il n'y a point là un monde sexuel tout à fait mûr
ni pur, mais un monde qui, pour n'être pas assez
humain, n'est que *viril*, qui n'est que rut, ivresse
sans repos, et sur lequel pèsent tous les vieux
préjugés, toutes les arrogances que le mâle a fait
peser sur l'amour en le défigurant. C'est parce
qu'il n'aime qu'en *mâle*, et non en être humain,
qu'il y a dans son appréhension du sexe quelque
chose d'étroit, d'apparemment sauvage, hai-
neux, temporel, privé d'éternité, qui diminue son
art et le rend ambigu et douteux. Cet art n'est
pas sans tache, il porte la marque du temps et de
la passion, et il n'en survivra et n'en restera que
peu de chose. (Mais il en va ainsi de la plus
grande partie de l'art !) On peut cependant tirer
une joie profonde de ce qui est grand en lui,
pourvu qu'on ne s'y perde pas en devenant sec-
tateur de ce monde dehmelien si infiniment
angoissé, plein d'adultère et de confusion, bien
éloigné des destinées réelles qui font plus souffrir
que ces morosités inscrites dans le temps, mais
offrent aussi plus d'occasions de grandeur et plus
de courage pour aller vers l'éternité.

S'agissant enfin de mes livres, ce serait de
grand cœur que je vous enverrais tous ceux
auxquels vous pourriez prendre tant soit peu
de plaisir. Mais je suis très pauvre, et mes
livres, sitôt qu'ils ont été publiés, ne m'appar-

tiennent plus. Je suis dans l'incapacité de les acheter moi-même — et de les offrir, comme j'aimerais si souvent le faire, à ceux qui pourraient leur manifester de l'affection.

Aussi je note pour vous sur un billet les titres (et les éditeurs) de mes derniers livres parus (les plus récents, j'en ai sans doute publié en tout quelque douze ou treize), contraint que je suis de vous laisser le soin, très cher Monsieur, d'en commander certains à l'occasion.

J'aime à savoir mes livres entre vos mains. Adieu.

Votre
Rainer Maria Rilke.

Provisoirement à Worpswede, près Brême,
le 16 juillet 1903 [1]

J'ai quitté Paris il y a dix jours environ, fort
souffrant et fort las, pour gagner une grande
plaine nordique dont on espère que l'ampleur,
le calme et le ciel me rendront la santé. Mais
je n'ai gagné qu'une interminable pluie, qui ne
semble qu'aujourd'hui vouloir s'éclaircir un
peu au-dessus de la campagne agitée par les
vents ; et je profite de cet instant de clarté,
très cher Monsieur, pour vous adresser mon
salut.

Bien cher monsieur Kappus, si j'ai longtemps laissé sans réponse une lettre de vous, ce
n'est pas que je l'aie oubliée — tout au
contraire : elle était de celles qu'on relit quand
on la trouve parmi son courrier, et je vous y
reconnaissais comme si vous aviez été tout près
de moi. C'était la lettre du 2 mai, et vous ne

1. Lors de son premier séjour, Rilke était resté à Worpswede et Westerwede (avec quelques interruptions) d'août
1900 à août 1902. Sa fille est née en décembre 1901. Habi-
tant désormais Paris, il passe cette fois les mois de juillet et
août 1903 à Worpswede, puis à Oberneuland, près de
Brême, où résident les parents de Clara, avant de partir pour
Rome début septembre.

manquez sans doute pas de vous souvenir d'elle. Quand je la relis, comme je le fais à cette heure, dans le grand calme de ces lointains, je suis touché par le beau souci que vous prenez de la vie, plus encore que je ne pouvais le ressentir à Paris, où tous les sons éclatent et s'éteignent d'une autre manière dans l'énormité du bruit qui fait trembler les choses [1].

Ici, entouré d'une terre imposante que balaient les vents venus des mers, ici, je sens que jamais être humain ne pourrait, face à vous, donner de réponse aux questions et aux sentiments qui, dans leurs profondeurs, mènent leur vie propre ; car même les meilleurs s'égarent dans les mots quand ils doivent exprimer ce qu'il y a de plus ténu, de presque indicible. Mais je crois cependant que vous n'en serez pas réduit à demeurer sans solution si vous vous en tenez à des choses qui ressemblent à celles où se reposent en ce moment mes yeux. Si vous vous en tenez à la nature, à ce qu'elle a de simple, à ce qui est petit, que presque personne ne voit, et qui peut justement se transformer à l'improviste en quelque chose de grand, d'incommensurable ; si vous avez cet amour pour l'infime et cherchez fort simplement, en serviteur, à gagner la confiance de ce qui paraît pauvre — alors tout deviendra pour vous plus léger, plus homogène

1. Les débuts du premier séjour à Paris ont été décevants pour Rilke, mais en même temps fructueux. A Clara, 11 septembre 1902 : « *Paris ? Paris est difficile. Une galère* [au sens traditionnel]. *Je ne saurais dire combien tout m'est ici antipathique, ni décrire le refus instinctif que je ressens à me mouvoir ici.* » Mais une semaine plus tard au peintre de Worpswede Heinrich Vogeler : « *Je resterai pour l'instant à Paris, justement parce que c'est difficile.* »

et, d'une certaine façon, plus propre à réconci-
lier non votre entendement, peut-être, qui,
étonné, restera en arrière, mais le plus intime
de votre conscience, de votre éveil et de votre
savoir. Vous êtes si jeune, si antérieur à tout
commencement, que j'aimerais vous prier,
autant qu'il est en mon pouvoir, très cher
Monsieur, d'avoir de la patience envers tout ce
qu'il y a de non résolu dans votre cœur et d'essayer d'aimer *les questions elles-mêmes* comme
des chambres verrouillées, comme des livres
écrits dans une langue très étrangère. Ne partez
pas maintenant à la recherche de réponses qui
ne peuvent pas vous être données parce que
vous ne pourriez pas les vivre. Et ce dont il
s'agit, c'est de tout vivre. *Vivez* maintenant les
questions. Peut-être, alors, cette vie, peu à peu,
un jour lointain, sans que vous le remarquiez,
vous fera-t-elle entrer dans la réponse. Peut-
être portez-vous effectivement en vous-même
cette capacité à donner forme, à modeler,
comme une façon de vivre particulièrement
bienheureuse et pure ; éduquez-vous à cela
— mais prenez ce qui vient avec une grande
confiance, et pourvu que cela vienne de votre
volonté, de quelque nécessité profonde en
vous, assumez-le et ne haïssez rien. Le sexe est
difficile ; c'est vrai. Mais c'est de quelque chose
de difficile, de lourd, que nos épaules ont été
chargées, presque tout ce qui est sérieux est
difficile, et tout est sérieux [1]. Si vous en prenez

1. Ce thème de la difficulté et du poids (le même mot
schwer désigne les deux en allemand) est central et récurrent
chez Rilke, et lié, du reste, à celui de la *profondeur*. On pense
au Nietzsche du *Gai Savoir*, « *l'homme des fonds* » : « Je ne
suis que lourd, extrêmement lourd/ je tombe, je tombe sans

conscience et parvenez à conquérir une relation
au sexe qui vienne de vous-même, des dispositions et de la manière d'être qui sont les *vôtres*,
de l'expérience, de l'enfance et de la force qui
sont les *vôtres* (hors de toute influence des
conventions et des mœurs), alors vous n'aurez
plus à craindre de vous perdre ou de devenir
indigne de ce que vous possédez de plus précieux.

La volupté physique est un instant vécu par
les sens, au même titre que le pur regard ou la
pure sensation dont un beau fruit comble la
langue ; c'est une expérience grande, infinie
qui nous est donnée là, un savoir sur le monde,
la profusion et l'éclat de tout savoir. Et ce n'est
pas de l'accueillir qui est mauvais ; ce qui est
mauvais, c'est que presque tout le monde
mésuse de cette expérience, la gaspille, l'utilise
pour mettre un peu de sel aux endroits où la
vie se sent trop lasse, et en fait une distraction
au lieu d'une concentration pour affronter les
sommets [1]. Aussi bien les hommes ont-ils fait

---

cesse, pour descendre, enfin, jusqu'au fond. » (44, trad.
Alexandre Vialatte, Bibliothèque des idées, Gallimard, 1964
— voir aussi les n°s 93 et 334). En 1905, Rilke consacre à
cette idée le petit fragment *Recueillement du matin* qui se
termine ainsi, en des termes très proches de la lettre de
1903 : « *Il faut que tu sois à toi-même un univers, et que le poids
de ta difficulté soit en ton centre et t'attire. Un jour, la force
d'attraction de cette gravité s'étendra, au-delà de toi-même,
jusqu'à un destin, à un être humain, à Dieu. Alors, quand elle
aura atteint sa plénitude, Dieu entrera dans ta difficulté. Con-
nais-tu d'autre lieu où le rencontrer ?* »
1. Cette fois, Rilke envisage les aspects négatif du sexe,
qui ne proviennent que de son mauvais usage. Cette vision
historique d'une perversion de l'amour par les hommes lui
permet d'envisager une évolution que nous pourrions dire
« féministe » (reprise dans la lettre du 14 mai 1904) au bout
de laquelle l'homme et la femme seraient sur un pied d'éga-

pareillement de la nourriture autre chose qu'elle n'est : l'indigence d'une part, la surabondance de l'autre, ont troublé la clarté de ce besoin, et toutes les exigences simples et profondes où la vie vient se renouveler sont devenues troubles aussi. Mais l'individu (sinon l'individu, qui est trop dépendant, du moins le solitaire) peut les clarifier pour son propre compte et vivre dans la clarté. Il peut se souvenir que, quelle qu'elle soit, la beauté dans les animaux et les plantes est une forme calme et durable faite d'amour et de désir [1], et il peut voir l'animal, comme il voit la plante, s'unissant, croissant et se multipliant dans la patience et l'acceptation, non point pour le plaisir physique, non point par souffrance physique, mais en se pliant à des nécessités qui sont plus grandes que la souffrance ou le plaisir et plus puissantes que la résistance ou la volonté. Ah ! si l'homme pouvait recevoir avec plus d'humilité, porter et supporter avec plus de sérieux ce mystère dont la terre est remplie jusque dans ses plus petites choses, et sentir combien ce mystère est effroyablement lourd et difficile, au lieu de le prendre à la légère ! S'il pouvait regarder avec une crainte respectueuse sa propre fécondité, qui est *une*, qu'elle apparaisse comme spirituelle ou corporelle ; car même la création spirituelle procède de la création physique, est de la même essence qu'elle,

---

lité, « *comme frère et sœur* », pour « *porter ensemble le fardeau de la sexualité* » : l'image de celle-ci semble alors moins positive que dans d'autres textes. Dans cette évolution, cependant, ce n'est pas la femme qui rejoint l'homme, mais l'homme qui rejoint la femme — entre autres par la « maternité » créatrice.

1. Encore le mot *Sehnsucht*.

sinon qu'elle est comme la répétition plus sub-
tile, plus extatique et plus éternelle de la
volupté du corps. « La pensée que l'on est
créateur, qu'on engendre, qu'on donne
forme » n'est rien sans sa grande, sa constante
confirmation et réalisation dans le monde, rien
sans l'assentiment que les choses et les animaux donnent sous mille formes, — et la
jouissance que l'on en tire n'est aussi indes-
criptiblement belle et riche que parce qu'elle
est pleine de souvenirs hérités, laissés par l'engendrement et l'accouchement auxquels ont
procédé des millions d'êtres. Dans une seule
pensée de créateur revivent mille nuits
d'amour oubliées, qui la remplissent de
majesté et de sublime. Et ceux, au long des
nuits, qui s'unissent et s'entrelacent dans les
bercements de la volupté font un travail plein
de sérieux, amassent des douceurs [1], de la
profondeur et de la force destinées à nourrir
le chant de quelque poète à venir, qui se
lèvera pour dire d'indicibles délices. Et ils
appellent le futur ; et même s'ils s'égarent,
s'étreignent en aveugles, cet avenir viendra, un
homme nouveau surgira, et sur ce sol fait d'un
hasard qui semble avoir ici terminé son œuvre,
c'est la loi qui s'éveillera, la loi selon laquelle
une vigoureuse et résistante semence se fraiera
un chemin jusqu'à l'ovule qui s'avance pour

1. Cette image de la douceur — ou du miel — qu'on
amasse pour l'avenir est appliquée aussi bien à l'amour qu'à
la vie (fin de la lettre à Kappus du 23 décembre 1903) et à
la création. Le 13 novembre 1925, Rilke écrit encore à son
traducteur polonais Hulewicz (les mots en romain sont en
français) : « *Nous sommes les abeilles de l'invisible.* Nous buti-
nons éperdument le miel du visible, pour l'accumuler dans
la grande ruche d'or de l'Invisible. »

l'accueillir. Ne vous laissez pas abuser par la surface ; dans les profondeurs, tout devient loi. Et ceux dont la manière de vivre ce mystère est fausse, mauvaise (ils sont très nombreux) ne le perdent que pour leur propre compte : ils ne le transmettent pas moins sans le savoir, comme une lettre scellée. Et ne vous laissez pas affoler par la multiplicité des noms et la complexité des cas. Peut-être règne-t-il au-dessus de tout cela une grande maternité, sous la forme d'un désir commun à tous. La beauté de la vierge, d'un être « qui n'a (comme vous le dites si bien) encore rien produit », c'est la maternité qui se pressent et se prépare, dans l'angoisse et le désir. La beauté de la mère, c'est la maternité dans le service, et chez la vieille femme, il y a un grand souvenir. Et même dans l'homme il y a de la maternité, me semble-t-il, une maternité du corps et de l'esprit ; l'engendrement est aussi chez lui une sorte d'accouchement, et c'est un accouchement lorsqu'il crée à partir de sa profusion la plus intérieure. Peut-être les sexes sont-ils plus apparentés qu'on ne croit, et la grande régénération du monde consistera peut-être en ceci que l'homme et la jeune fille, libérés de tous les errements sentimentaux et de toutes les morosités, ne se chercheront plus comme des contraires, mais comme frère et sœur, comme des voisins, et s'uniront comme des *êtres humains* afin de porter ensemble, dans la simplicité, le sérieux et la patience, le fardeau imposé de la sexualité.

Mais le solitaire peut dès à présent préparer et construire de ses mains, qui sont moins promptes à s'égarer, tout ce dont le grand nombre ne sera peut-être capable que plus tard. Aussi, très cher Monsieur, aimez votre solitude, et portez au son d'une belle plainte la douleur qu'elle vous cause. Car ceux qui vous sont proches sont au loin, dites-vous, et cela montre que l'espace commence à s'élargir autour de vous. Si la proximité vous est lointaine, alors vos grands espaces sont déjà parmi les étoiles, et ils sont fort vastes ; réjouissez-vous de votre croissance, à l'intérieur de laquelle vous ne pouvez assurément emmener personne ; soyez bon envers ceux qui restent en arrière, manifestez devant eux une tranquille assurance, ne les tourmentez pas avec vos doutes et ne les effrayez pas avec une certitude ou une joie qu'ils ne pourraient comprendre. Cherchez à établir avec eux quelque communauté qui soit simple et fidèle, et qui ne soit point obligée de se modifier si vous-même devenez toujours autre ; aimez en eux la vie sous une forme qui vous est étrangère, et soyez indulgent envers les êtres qui vieillissent, qui redoutent d'être seuls, quand vous, vous regardez cela avec la confiance de la familiarité. Evitez d'alimenter le drame qui ne manque jamais de se tisser entre parents et enfants ; il coûte bien des forces aux enfants et consume l'amour des vieillards, qui agit et qui réchauffe même quand il ne comprend pas. Ne leur demandez aucun conseil et ne comptez sur aucune compréhension ; mais ayez foi en un amour qui vous est conservé comme un héritage, et gardez la confiante certitude qu'en cet amour réside une force et une bénédiction auxquelles vous n'êtes pas obligé d'échapper pour aller très loin !

Il est bon que vous débouchiez dans l'immédiat sur un métier qui vous rendra indépendant et vous renverra totalement à vous-même, à tous égards. Attendez patiemment de savoir si les profondeurs les plus intimes de votre vie se sentent bridées par la forme de ce métier. Je le tiens pour très difficile et très exigeant, puisque sur lui pèsent de lourdes conventions et qu'il ne laisse presque aucune place à une conception personnelle de ce que l'on doit faire. Mais votre solitude vous sera un port, une patrie même au milieu de conditions fort étrangères, et c'est en partant d'elle que vous trouverez vos chemins. Tous mes vœux sont prêts à vous accompagner, et ma confiance est avec vous.

Votre
Rainer Maria Rilke.

Rome, le 29 octobre 1903 [1]

Très cher Monsieur,

J'ai reçu votre lettre du 29 août à Florence et ce n'est que maintenant — au bout de deux mois — que je vous en donne des nouvelles. Veuillez me pardonner ce retard — mais je n'aime guère écrire des lettres quand je suis en voyage, car j'ai besoin pour cela d'autre chose que des instruments strictement nécessaires : un peu de calme, de solitude, et une heure qui ne soit point trop étrangère à cette activité.

Nous sommes arrivés à Rome il y a environ six semaines, à un moment où c'était encore la Rome déserte, brûlante, à la sombre réputation de fièvres, et cette circonstance, jointe à des difficultés pratiques d'installation, a contribué à faire en sorte que l'agitation ne voulût point finir autour de nous et que pesât sur nos

1. Rilke arrive à Rome le 10 septembre 1903 et y restera jusqu'à juin 1904. Il réside Via del Campidoglio, avant de s'installer le 1er décembre dans la Villa Strohl-Fern dont il parle vers la fin de cette lettre. On trouvera la description des lieux et de leur atmosphère — car ce n'est pas sans importance pour le créateur — dans les lettres à Lou du 3 novembre 1903 et du 12 mai 1904.

épaules le sentiment d'être des étrangers,
auquel s'ajoutait celui de ne pas avoir de
patrie [1]. Au surplus, Rome (quand on ne la
connaît pas encore) donne les premiers jours
une impression de tristesse écrasante : à cause
de l'atmosphère de musée qu'elle exhale, grise
et sans vie, de la profusion de ses passés que
l'on a tirés au jour, que l'on maintient péni-
blement debout (et dont se nourrit un présent
minuscule), de l'insondable surestimation,
entretenue par les érudits, les philologues, et
copiée par les adeptes de l'inévitable voyage
en Italie — l'insondable surestimation de
toutes ces choses défigurées, en putréfaction,
qui ne sont au fond rien d'autre que les restes
fortuits d'un autre temps, et d'une vie qui
n'est pas et ne doit pas être la nôtre. Finalement, après des semaines d'une résistance
quotidienne, on retrouve, quoique la tête vous
tourne encore un peu, le chemin de son
propre moi, et l'on se dit : non, il n'y a pas
ici plus de beauté qu'ailleurs, et tous ces
objets que les générations n'ont cessé d'admirer, rafistolés et enjolivés par des tâcherons,
des manœuvres, ne représentent rien, ne sont
rien et n'ont pas plus de cœur que de valeur ;
— mais il y a ici beaucoup de beauté parce
qu'il y a beaucoup de beauté partout. Des
eaux pleines d'une vie sans limites accourent
au fil des aqueducs anciens pour venir danser,
sur les nombreuses places de la ville, par-

1. C'est encore le mot *Heimat* qui est employé ici, comme
à la fin de la lettre précédente. Sur cette notion de « patrie »,
voir l'avant-propos. Rilke se plaindra jusqu'au bout de cette
incapacité à « se poser ». Mais elle est aussi liée à des raisons
matérielles et financières : voir ci-dessous la lettre à Lou du
12 mai 1904.

dessus des vasques de pierre blanche, s'étaler dans de larges et spacieux bassins, chuinter pendant le jour et élever leur chuintement à la face de la nuit, qui est ici grande, étoilée, et douce du souffle des vents. Et il y a des jardins, d'inoubliables allées et des escaliers, des escaliers, imaginés par Michel-Ange, des escaliers bâtis sur le modèle des eaux qui se laissent glisser, — dont la large descente fait naître une marche de l'autre comme la vague de la vague. Ce sont ces impressions-là qui permettent de se rassembler, de se reconquérir en échappant à la multiplicité dévorante qui parle, qui bavarde (et comme elle est loquace !), et d'apprendre lentement à reconnaître les très rares choses dans lesquelles perdure une éternité que l'on peut aimer, et une solitude à laquelle on peut prendre part en silence [1]. J'habite encore en ville, sur le Capitole, non loin de la plus belle statue équestre que l'art romain nous ait laissée — celle de Marc Aurèle ; mais dans quelques semaines, je vais emménager dans un lieu simple et calme, une vieille terrasse perdue tout au fond d'un grand parc, à l'abri de la ville, de son bruit et de ses aléas. J'y habiterai tout l'hiver, en savourant le grand calme dont j'attends qu'il m'offre le présent de bonnes heures bien remplies...

1. La même déception s'exprime dans la lettre à Lou du 3 novembre 1904, où l'on retrouve aussi la description des escaliers et des eaux — les *Nouveaux Poèmes* contiendront d'ailleurs une célèbre « Fontaine de Rome ». Les visites au Louvre et les séjours à Capri et à Naples en 1907-1908 modifieront cette vision. Certes la Grèce attire davantage Rilke, mais des statues, des bas-reliefs et des fresques donneront naissance à de très beaux textes.

De cet endroit, où je serai davantage chez moi, je vous écrirai une plus longue lettre, où il sera encore question de la vôtre. Pour aujourd'hui, je me contenterai de vous dire (et peut-être n'est-ce pas bien de ma part que de ne pas l'avoir fait plus tôt) que le livre annoncé par votre lettre (et qui devait contenir des travaux de vous) n'est pas arrivé ici. Vous est-il revenu, de Worpswede peut-être ? (Car on ne peut pas faire suivre des paquets vers l'étranger.) C'est la meilleure des hypothèses, et j'aimerais en avoir confirmation. J'espère qu'il ne s'est pas perdu — ce qui ne serait pas exceptionnel étant donné le fonctionnement de la poste italienne — hélas !

Ce livre aussi (comme tout ce qui me donne des nouvelles de vous), je l'aurais accueilli avec plaisir ; et les vers qui auront vu le jour entre-temps, je les lirai toujours (si vous me les confiez), je les relirai et les vivrai aussi bien et avec autant de cœur que je le pourrai. Recevez mes vœux et mes salutations.

Votre
Rainer Maria Rilke.

Rome, le 23 décembre 1903

Mon cher Monsieur Kappus,
Il ne sera pas dit que vous n'aurez pas eu un
salut de ma part au moment où Noël approche
et où votre solitude, au beau milieu de la fête,
sera plus lourde à porter que d'ordinaire. Mais
si vous vous apercevez alors qu'elle est grande,
réjouissez-vous ; car que serait (c'est la question qu'il faut vous poser) une solitude qui
n'aurait rien de grand ; il n'y a qu'*une* solitude :
elle est grande et n'est pas légère à porter, et
presque tous connaissent un jour ces heures où
ils l'échangeraient volontiers contre la plus
quelconque, la plus banale, la plus facile des
communautés, contre l'apparence d'une harmonie, aussi infime soit-elle, avec le premier
venu, le plus indigne... Mais peut-être sont-ce
là précisément les heures où la solitude grandit ; car sa croissance est douloureuse comme
la croissance des jeunes garçons et triste
comme le début des printemps. Mais cela ne
doit pas vous égarer. Ce qui est nécessaire se
résume à ceci : solitude, grande solitude intérieure. Rentrer en soi-même et ne rencontrer
personne pendant des heures — voilà ce à quoi

il faut pouvoir parvenir. Etre solitaire comme
on était solitaire, enfant, quand les adultes
allaient et venaient dans un entrelacs de choses
qui semblaient importantes et grandes parce
que les grands paraissaient plongés dans un
grand affairement et que l'on ne comprenait
rien à ce qu'ils faisaient.

Mais quand on voit un jour combien leurs
occupations sont pauvres [1], leurs métiers sclé-
rosés, n'ayant plus aucun lien avec la vie
— pourquoi dès lors ne pas continuer, comme
un enfant, à les regarder comme quelque chose
d'étranger, depuis les profondeurs de son
propre monde, depuis l'immensité de sa
propre solitude, qui est elle-même un travail,
un rang, un métier ? Pourquoi vouloir
échanger la sage absence de compréhension
d'un enfant contre la résistance et le mépris,
puisque ne pas comprendre, c'est rester solitaire, alors que résister et mépriser, c'est
encore prendre part à ce dont, par ces moyens,
on prétend se séparer ?

Pensez, très cher Monsieur, au monde que
vous portez en vous, et donnez à cette pensée
le nom qui vous plaira — souvenir de votre
propre enfance ou désir qui vous pousse vers
votre propre avenir —, soyez attentif, en tout
cas, à ce qui se lève en vous, et mettez-le au-
dessus de tout ce que vous remarquez autour
de vous. Ce qui advient au plus profond de
vous est digne de tout votre amour, c'est à cela
que vous devez consacrer votre travail, au lieu
de perdre trop de temps et d'ardeur à éclaircir

1. A opposer à la *pauvreté*, au dénuement volontaires
indispensables à la création (voir la lettre à Lou du 12 mai
1904, à Clara du 9 novembre 1907).

votre position vis-à-vis des hommes. Qui vous dit, d'ailleurs, que vous en avez une ? — Je sais que votre métier est dur et qu'il vous contrarie extrêmement ; je prévoyais vos plaintes et savais qu'elles viendraient. Maintenant qu'elles sont venues, je ne peux pas vous tranquilliser, je peux seulement vous conseiller de réfléchir en vous demandant si tous les métiers ne sont pas comme cela, pleins d'exigences, d'hostilité à l'égard de l'individu, imbibés en quelque sorte par la haine de ceux qui se sont résignés, dans une rancœur muette, à la sécheresse du devoir. La condition dans laquelle vous êtes maintenant forcé de vivre n'est pas plus accablée de conventions, de préjugés ni d'erreurs que toutes les autres, et s'il y en a qui affichent plus de liberté, il n'y en a aucune qui, en elle-même, offre assez d'ampleur et d'espace et soit en rapport avec les grandes choses dont se compose la vie réelle. Seul l'individu qui est solitaire est soumis comme une chose aux lois profondes, et quand l'un d'eux sort dans le matin qui se lève ou plonge le regard dans le soir qui est tout événement, quand il sent ce qui est en train d'advenir, toute condition l'abandonne comme elle abandonne un mort, alors qu'il ne baigne que dans la vie. Les expériences qui sont actuellement imposées à l'officier que vous êtes, très cher monsieur Kappus, se seraient fait sentir de la même façon dans tous les métiers existants, et même si, en dehors de toute position, vous n'aviez cherché avec la société qu'un contact léger et autonome, ce sentiment d'oppression ne vous aurait pas été épargné. — Il en va de même partout ; mais ce n'est pas une raison pour se laisser aller à l'angoisse ou à la tristesse ; s'il n'y a point de communauté entre les hommes et vous, essayez d'être proche des choses, qui ne vous abandonneront pas ; les nuits sont encore là, et les vents, qui traversent les arbres et balaient de nombreux pays ; parmi les choses et les animaux, encore, tout est plein de ce qui advient, et à quoi il vous est permis de prendre part ; et les enfants sont encore tels que vous avez vous-même été, enfant, aussi tristes et aussi heureux, — et lorsque vous pensez à votre enfance, vous vivez à nouveau parmi eux, parmi les enfants solitaires, et les adultes ne sont rien, et votre dignité est sans valeur [1].

Et si c'est pour vous un sujet d'angoisse, une torture que de penser à l'enfance, à la simplicité et au calme qu'elle évoque, parce que vous ne

---

1. Ce lien entre les thèmes de l'enfance et de la solitude se retrouve, entre autres, au début des *Carnets de Malte Laurids Brigge*, commencés en février 1904, dans le texte *Sur le poète* (1913-1914) mais aussi dans le beau fragment *Solitaires*, qui date sans doute également de 1903-1904 : « *Les parents s'effraient lorsqu'ils découvrent chez leurs enfants un discret penchant à être seuls ; ces petits garçons timides qui ont, tôt déjà, leurs propres joies et leur propre souffrance leur paraissent inquiétants [...] Ainsi débutent des vies, des destinées commencent ainsi dans la profondeur des larmes [...] Mettez-vous simplement devant cette fenêtre ; je sens bien que, derrière, une vie s'élève parmi les sanglots au milieu d'une immense angoisse, une vie qui monte vers la solitude comme un chemin abrupt [...] J'entends le cœur d'une petite fille qui a peur, il y a comme une grande cloche qui résonne en moi. Je ne peux pas sortir dans la nuit sans avoir à l'esprit tous les jeunes êtres qui veillent ; le bruit de leurs fenêtres qui s'ouvrent vibre en moi, les gestes prudents et anxieux de leurs mains bougent dans les miennes. Je ne désire pas aller vers eux, car que pourrais-je leur dire qui valût mieux que leur douleur ou fût plus noble que leur silence ? Je ne les dérange pas. Mais une chose m'emplit tout entier : la conscience que la vie de ces solitaires est l'une des grandes forces qui, du fond de la nuit, œuvrent en moi.* » (Traduction de Claude Porcell — Rilke, *Œuvres en prose*, Bibliothèque de la Pléiade, Gallimard.)

croyez plus en un Dieu qui y est partout présent, alors demandez-vous, très cher monsieur Kappus, si vous avez réellement perdu Dieu. N'est-ce pas, bien plutôt, que vous ne l'avez jamais possédé ? Car à quel moment aurait-ce été le cas ? Croyez-vous qu'un enfant puisse le soutenir, lui que des hommes faits ne portent qu'avec peine et dont le poids écrase les vieillards ? Croyez-vous que celui qui l'a réellement puisse le perdre comme un petit caillou, ou ne croyez-vous pas que celui qui l'aurait ne pourrait plus qu'être perdu par lui ? — Mais si vous reconnaissez qu'il n'était pas en votre enfance, ni auparavant, si vous avez le pressentiment que le Christ a été trompé par son désir [1] et Mahomet abusé par son orgueil, — et si vous sentez avec terreur qu'il n'est pas non plus en ce moment, au moment même où nous parlons de lui — qu'est-ce qui vous autorise à regretter comme un être du passé et à chercher comme s'il était perdu celui qui n'a jamais été ?

Pourquoi ne pensez-vous pas qu'il est celui qui vient, qui est devant nous de toute éternité, qui est à venir, l'aboutissement et le fruit d'un arbre dont nous sommes les feuilles ? Qu'est-ce qui vous retient de rejeter sa naissance dans les temps en gestation et de vivre votre vie comme un jour douloureux et beau dans l'histoire d'une immense grossesse ? Ne voyez-vous donc pas que tout ce qui advient est encore et toujours commencement, et ne pourrait-ce pas être *Son* commencement, puisque enfin tout début est en soi d'une si grande beauté ? S'il est le plus par-

1. C'est encore le mot *Sehnsucht* qui est employé ici, comme lorsque Rilke désignait la force qui attire les uns vers les autres les êtres vivants.

fait, ne doit-il pas y avoir quelque chose de plus petit *avant* lui, afin qu'il puisse choisir dans la profusion et la surabondance ? — N'est-ce pas lui qui doit être le dernier s'il faut que tout soit contenu en lui, et quel sens aurions-nous si celui dont nous avons soif [1] avait déjà été ?

De même que les abeilles composent le miel [2], de même nous allons prendre en chaque chose ce qu'il y a de plus doux et nous Le construisons. C'est même avec l'infime, avec l'insignifiant (pourvu qu'il advienne dans l'amour) que nous débutons, avec le travail et le repos qui le suit, avec le silence qu'on garde ou une petite joie solitaire, avec tout ce que nous faisons seuls, sans partisans ni participants, que nous Le commençons, Lui que notre vie ne verra pas, pas plus que celle de nos ancêtres ne nous a vus. Et pourtant ils sont en nous, ceux qui s'en sont allés depuis longtemps, ils sont nos dispositions, ils pèsent sur notre destin, ils sont le sang qui gronde en nous et le geste qui monte des profondeurs du temps.

Existe-t-il quelque chose qui puisse vous enlever l'espoir d'être un jour en Lui, le Lointain des Lointains, l'Extrême des Extrêmes ?

Fêtez Noël, cher monsieur Kappus, dans le pieux sentiment qu'Il a peut-être justement besoin de votre angoisse devant la vie pour commencer ; ces jours qui sont pour vous transition sont peut-être justement le temps où tout en vous travaille à Le faire devenir, de même qu'autrefois, enfant, vous y avez déjà travaillé à

1. Ici, c'est, pour la première fois dans ces *Lettres*, le mot *verlangen*.
2. Voir la lettre du 16 juillet 1903 et la note sur ce thème.

perdre haleine. Soyez patient, sans réticence, et songez que le moins que nous puissions faire est de ne pas rendre son avènement plus difficile que la terre ne le fait pour le printemps lorsqu'il veut venir.

Et soyez joyeux et confiant.

Votre
Rainer Maria Rilke.

Rome, le 14 mai 1904

Mon cher monsieur Kappus,
Il s'est passé beaucoup de temps depuis que j'ai reçu votre dernière lettre. Ne m'en tenez pas rigueur ; ce sont d'abord le travail, ensuite des dérangements, enfin une mauvaise santé qui m'ont chaque fois empêché de vous faire une réponse qui — je le voulais — devait témoigner à vos yeux de jours tranquilles et bons. Je me sens à présent un peu rétabli (ici aussi, le début du printemps, avec ses sauts capricieux et mauvais, s'est fait durement sentir) et je parviens enfin, cher monsieur Kappus, à vous envoyer mon salut pour vous dire en même temps, aussi bien que j'en sois capable (et je le fais de très bon cœur), deux ou trois choses en réponse à votre lettre.
Vous le voyez : j'ai recopié votre sonnet, car j'ai trouvé qu'il était beau, simple et né dans une forme où il se meut avec une fort tranquille correction. Ce sont les meilleurs vers de vous qu'il m'ait été donné de lire. Voici donc que je vous remets cette copie, parce que je sais que cela est important, que cela est plein d'une expérience nouvelle, lorsqu'on retrouve son

propre travail dans une écriture étrangère.
Lisez ces vers comme s'ils vous étaient étrangers, et vous sentirez au plus profond de vous
combien ce sont les vôtres. —

J'ai eu plaisir à relire souvent ce sonnet et
votre lettre ; soyez remercié pour les deux.

Et ne vous laissez pas égarer, dans votre solitude, par le fait qu'il y a quelque chose en vous
qui souhaite lui échapper. C'est ce souhait justement, si vous l'utilisez avec calme, souverai-
nement, comme un outil, qui vous aidera à
élargir votre solitude à la taille d'un vaste pays.
Les gens (à l'aide de conventions) ont tout
résolu dans le sens de la légèreté, de la facilité,
en allant même vers ce qu'il y a de plus léger
dans la légèreté [1] ; or il est clair que nous
devons nous tenir à ce qui est lourd, difficile ;
tout ce qui vit s'y tient, tout dans la nature
croît, se défend selon son espèce, est quelque
chose de particulier en partant de soi-même,
tente de l'être à tout prix et malgré toutes les
résistances. Nous savons peu de chose, mais ce
qui est une certitude, et elle ne nous abandon-
nera pas, c'est que nous devons nous tenir à ce
qui est difficile et lourd ; il est bon d'être solitaire, car la solitude est difficile ; qu'une chose
soit difficile doit être pour nous une raison supplémentaire de l'accomplir [2].

1. Et c'est ce que Rilke reproche à l'Italie dans sa lettre à
Lou du 12 mai 1904, deux jours avant celle-ci. Voir plus
bas, p. 136.
2. Voir le début du fragment déjà cité *Recueillement du
matin* : « *Y a-t-il quelque chose de lourd en travers du chemin ?
Qu'as-tu contre le poids ? Qu'il puisse te tuer ? C'est donc qu'il
est fort et puissant. Tu en sais au moins cela. Et que sais-tu de la
légèreté ? Rien. Le léger, le facile ne nous laisse aucun souvenir.
Ainsi, quand bien même tu aurais le choix, ne devrais-tu pas*

Aimer aussi est bon : car l'amour est difficile. S'aimer, d'être humain à être humain : voilà peut-être la tâche la plus difficile qui nous soit imposée, l'extrême, la suprême épreuve et preuve, le travail [1] en vue duquel tout autre travail n'est que préparation.

C'est pourquoi les jeunes gens, qui sont débutants en tout, ne *peuvent* pas encore aimer : il faut qu'ils apprennent. Il faut que de tout leur être, de toutes leurs forces rassemblées autour de leur cœur solitaire, angoissé, qui cherche à jaillir, ils apprennent à aimer. Or l'apprentissage est toujours un long temps d'enfermement, si bien que l'amour est ainsi repoussé loin dans le temps, jusqu'au cœur de la vie — : solitude, isolement encore plus intense et plus profond pour celui qui aime. Aimer n'a d'abord rien d'une absorption, d'un abandon ni d'une union avec l'autre (car que serait l'union de choses qui ne sont pas éclaircies, ne sont pas achevées, ne sont pas encore mises en ordre ?), c'est une sublime occasion pour l'individu de mûrir, de devenir quelque chose en lui-même, de devenir un monde, de devenir pour l'amour d'un autre un monde pour lui-même, c'est une grande et immodeste

---

choisir ce qui est lourd ? Ne sens-tu pas combien tu lui es apparenté ? Ne lui es-tu pas apparenté par tout ce que tu aimes ? N'est-ce pas en fait ton vrai pays ? » — L'ambivalence des mots *leicht* et *schwer*, qui signifient en allemand à la fois *léger* et *facile* pour le premier, *lourd* et *difficile* pour le second, permet à Rilke l'image fréquente de la *gravité* physique (voir la fin du même fragment, citée plus haut), proche mais différente du *sérieux* (*Ernst*).

1. Rilke qualifie l'amour, comme la solitude, de *travail*, et emploie pour cela le mot *Arbeit*, qui vient d'un terme désignant la douleur et la peine (*arebeit*) comme notre *travail* d'un instrument de torture (*trepalium*).

exigence qui s'adresse à lui, qui en fait un élu
et l'appelle à l'immensité. Les jeunes gens ne
devraient user de l'amour qui leur est donné
que dans ce sens-là : celui d'une tâche consistant à travailler sur soi-même (« à ausculter et
marteler jour et nuit [1] »). L'absorption, l'abandon, la communauté, de quelque espèce
qu'elle soit, ne sont pas pour eux (qui devront
épargner et amasser longtemps, longtemps
encore), ils sont l'aboutissement, et peut-être
ce à quoi les vies humaines ne peuvent pas
encore suffire.

Mais c'est là justement l'erreur si fréquente
et si lourde que commettent les jeunes gens (il
est dans leur nature de n'avoir pas de
patience) : ils se jettent l'un sur l'autre lorsque
l'amour descend sur eux, ils se déversent tels
qu'ils sont, dans tout leur manque de cohérence, leur désordre, leur confusion... : que
peut-il arriver ? Que peut faire la vie de ce bric-
à-brac à moitié démoli qu'ils nomment leur
communauté et qu'ils aimeraient bien appeler
leur bonheur, s'il y avait quelque apparence, et
leur avenir ? Là, chacun, pour l'amour de
l'autre, se perd, perd l'autre et beaucoup
d'autres qui voulaient encore venir. Et il perd
les vastes espaces et les possibilités, il échange
l'approche et le vol de choses discrètes et
pleines de pressentiments contre le désarroi
infécond d'où plus rien ne peut venir ; plus
rien qu'un peu de dégoût, de déception et de

---

1. Citation tirée du début de l'essai sur Rodin, à propos
du corps humain : « *Pendant deux millénaires de plus, la vie
l'avait gardé entre ses mains et l'avait travaillé, ausculté et mar-
telé jour et nuit.* » Traduction de Bernard Lortholary, Rilke,
Œuvres en prose, ouv. cit.

pauvreté, et la fuite dans l'une des nombreuses conventions qui sont placées comme des abris publics le long de ce chemin, le plus dangereux de tous. Aucun domaine de l'expérience vécue par les hommes n'est aussi bien pourvu de conventions que celui-là : on y trouve des ceintures de sauvetage de l'invention la plus variée, des canots, des flotteurs ; les vues de la société ont su créer des échappatoires de toutes sortes, car comme elle avait tendance à prendre la vie de l'amour pour une distraction, il fallait aussi qu'elle l'aménageât de manière à la rendre simple, peu coûteuse, sûre et sans danger, comme le sont les divertissements publics.

Certes, bien des jeunes gens qui aiment comme il ne faut pas, c'est-à-dire en se contentant de s'abandonner et en fuyant la solitude (et le gros en restera toujours là —), ressentent l'accablement d'un ratage et veulent aussi rendre vital et fécond à leur manière propre, personnelle, l'état dans lequel ils sont tombés par hasard — : car leur nature leur dit que, moins encore que toutes les autres choses importantes, les questions de l'amour ne peuvent être résolues par l'ordre public ni par tel ou tel consensus ; que ce sont des questions, des questions qui impliquent, de tout près, deux êtres humains, et qui nécessitent une réponse à chaque fois nouvelle, particulière, *exclusivement* personnelle — : or comment ceux qui se sont déjà jetés l'un dans l'autre, qui ne se distinguent, ne se délimitent plus, qui donc ne possèdent plus rien en propre, pourraient-ils trouver une issue en partant d'eux-mêmes, des profondeurs d'une solitude qu'ils ont déjà galvaudée ?

Ils n'agissent qu'à partir de leur commun désarroi, et lorsqu'ils veulent ensuite, avec la meilleure volonté, éviter la convention qui leur vient à l'esprit (le mariage, par exemple), ils tombent dans les rets d'une solution conventionnelle moins voyante, mais tout aussi mortelle ; car alors tout ce qui les entoure, bien loin à la ronde, n'est que — convention ; lorsque l'on agit à partir d'une communauté peu claire où les flots se sont mêlés trop tôt, *tout* acte est conventionnel : toute relation issue de cette confusion, aussi inhabituelle (c'est-à-dire, au sens courant, aussi immorale) qu'elle soit, a sa convention ; à vrai dire, même la séparation serait là une démarche conventionnelle, une décision de hasard, impersonnelle, qui n'aurait ni force ni fruit.

Celui qui regarde ces choses avec sérieux constatera que, comme pour la mort, qui est difficile, personne, pour le difficile amour, ne peut donner de l'extérieur ni lumière, ni solution, ni signe, ni sentier ; et pour ces deux tâches que nous portons et transmettons dans leur enveloppe sans la décacheter, on ne parviendra pas à trouver de règle commune reposant sur une entente générale. Mais au fur et à mesure que nous commencerons à nous essayer à la vie en tant qu'individus, nous rencontrerons ces grandes choses, nous, individus, à une plus grande proximité. Les exigences que ce lourd travail de l'amour impose à notre développement ne sont pas à la mesure d'une vie, et les débutants que nous sommes ne sont pas à leur hauteur. Mais si nous tenons bon, si nous prenons cet amour sur nos épaules comme un fardeau et un apprentissage au lieu de nous perdre au jeu de la facilité et de la frivolité derrière lequel les humains se sont dissimulés pour échapper à ce qu'il y a de plus sérieux dans le sérieux de leur existence, — alors peut-être un petit progrès, un soulagement seront-ils sensibles à ceux qui viendront longtemps après nous ; ce ne serait pas rien.

Nous commençons à peine, en effet, à considérer avec un regard objectif, dénué de préjugés, la relation d'un être humain à un autre individu, et nos tentatives pour vivre ces rapports ne peuvent s'appuyer sur aucun modèle antérieur. Et cependant, il y a déjà dans ces métamorphoses de l'époque bien des éléments qui cherchent à venir en aide à nos timides débuts.

Si la jeune fille et la femme, dans le nouvel épanouissement qui leur est propre, imitent la manière et les mauvaises manières des hommes et reprennent les métiers des hommes, ce ne sera que passager. Une fois passée l'incertitude de ces temps de transition, on verra que les femmes n'auront traversé cette multiplicité et cette succession de déguisements (bien souvent ridicules) qu'afin de purifier leur être le plus propre des influences de l'autre sexe, qui le défiguraient [1]. Les femmes, en qui la vie

1. Reprise de la vision d'avenir exposée dans la lettre du 16 juillet 1903. A près d'un siècle de distance, on peut estimer qu'elle est prémonitoire. Rilke connaît les mouvements féministes notamment à travers sa correspondante suédoise Ellen Key. Mais il considère la « masculinisation » de la femme (dans le métier, le costume, l'affectivité, etc.) comme une phase provisoire de cette évolution, qui est donc loin d'être achevée. Il élabore une sorte d'utopie de l'être humain complet par-delà la différenciation sexuelle, qui n'est pas sans rappeler l'androgyne platonicien.

séjourne et loge avec plus d'immédiateté, de fécondité et de confiance, n'ont pu faire autrement que de devenir des êtres au fond plus mûrs, des humains plus humains que l'homme, qui, léger, n'est tiré en dessous de la surface de la vie par le poids d'aucun fruit de son corps et qui, dans la suffisance et la précipitation, sous-estime ce qu'il croit aimer. Cette humanité de la femme, portée à son terme [1] dans les douleurs et les humiliations, apparaîtra au grand jour lorsque les métamorphoses de sa condition extérieure lui auront permis de se dépouiller des conventions qui la réduisent à la seule féminité, et les hommes, qui ne le sentent pas venir, seront surpris par leur défaite. Un jour (et des signes qui ne trompent pas parlent et brillent dès à présent, surtout dans les pays nordiques), un jour, la jeune fille sera là, la femme sera là dont le nom ne sera plus seulement l'opposé du masculin, mais quelque chose en soi, quelque chose qui ne fera penser ni à un complément ni à une limite, mais seulement à la vie et à l'existence — : l'être humain féminin.

Ce progrès transformera (tout à fait contre la volonté des hommes dans un premier temps, qui seront dépassés) notre manière de vivre l'amour, plongée aujourd'hui dans un total égarement, il la transformera de fond en comble, en fera une relation comprise comme celle d'un être humain à un être humain, et non plus d'un homme à une femme. Et cet amour plus humain (qui s'accomplira avec infi-

1. Même expression (*austragen*) que dans le précepte de la troisième lettre appliqué notamment à l'œuvre d'art : « *Tout* n'est que porter à terme, puis mettre au monde. »

niment d'égards et de discrétion, où l'on se liera et se déliera dans la bonté et la clarté) ressemblera à celui que nous préparons dans le combat et l'effort, à un amour ne consistant en rien d'autre qu'en deux solitudes qui l'une l'autre se protègent, se circonscrivent et se saluent [1].

Ceci encore : n'allez pas croire que ce grand amour qui a été mis sur vos épaules quand vous étiez petit garçon se soit perdu ; pouvez-vous affirmer qu'en ce temps-là, des vœux grands et bons n'ont pas mûri en vous, et des résolutions, qui vous font vivre encore ? Je crois que si cet amour garde tant de force et de puis-

---

1. Dans la lettre du 16 juillet 1903, Rilke voyait « le frère et la sœur... porter ensemble le fardeau du sexe ». Il n'en est plus question ici pour ces « deux solitudes », entre lesquelles rien n'exclut formellement la sexualité. Dès lors qu'il s'agit d'un rapport entre deux êtres humains, il peut au demeurant transcender les sexes : dans son refus des conventions, Rilke ne condamne pas l'homosexualité et signe une pétition contre sa répression. C'est un problème qui préoccupe les intellectuels de l'époque, surtout depuis la condamnation d'Oscar Wilde pour ses relations avec le jeune lord Alfred Douglas. La *Salomé* de Wilde est montée en 1903 à Berlin par Max Reinhardt, alors le plus célèbre des metteurs en scène allemands, et l'opéra que Richard Strauss en a tiré est créé en 1905. Rilke écrit vers le début de l'essai sur Rodin, en 1903 : *« Et dans tous les vices, dans toutes les voluptés contre nature, dans toutes ces tentatives désespérées et perdues, il y a quelque chose de ce désir qui fait les grands poètes. L'humanité souffre là d'une faim qui la dépasse et la transporte au-delà d'elle-même. Des mains se tendent là vers l'éternité. »* Quelques mois plus tard, cette identification du sexe absolu à l'absolu de l'art, de la vie et de la mort ne se retrouve pas dans la lettre à Kappus du 14 mai 1904 — qui, il est vrai, est censée donner des conseils à un très jeune homme. On sent cependant ici qu'au-delà du sexe, c'est un idéal non de fusion, mais de « communauté des solitudes » qui préoccupe Rilke, et qui est repris, par exemple, dans la lettre à son beau-frère Friedrich Westhoff qu'on lira plus loin.

sance dans votre souvenir, c'est parce qu'il a été votre première solitude profonde et le premier travail intérieur que vous ayez fait sur votre vie. — Tous mes vœux vous accompagnent, cher monsieur Kappus !

Votre
Rainer Maria Rilke [1].

1. L'édition originale reproduit ici le sonnet de Kappus recopié par Rilke. Donnons-en l'excellente transposition de Marc B. de Launay (NRF Poésie-Gallimard 1993) :

Dans ma vie frémit sans plainte
Et sans soupir un mal obscur.
De mes rêves le cristal pur
Bénit mes jours sans contraintes.

Mais plus souvent le grand pourquoi
Croise ma route et me rend coi.
Je fuis comme devant ces eaux
Dont je ne mesure pas les flots.

Les douleurs me submergent
Troubles comme une nuit trop dure
Où perce une étoile ternie :

Mes mains vers l'amour convergent,
Je veux prier à voix sûre,
Or déjà ma bouche est tarie.

Borgeby gård, Flädie, Suède [1],
le 12 août 1904

Je voudrais à nouveau vous parler un
moment, cher monsieur Kappus, bien que je
ne puissse pratiquement rien dire qui vous soit
de quelque secours, et fort peu de choses qui
vous soient utiles. Vous avez eu de nombreuses
et de grandes tristesses, elles se sont enfuies. Et
vous dites que ce passage, cette fugacité même
a été difficile et contrariante pour vous. Mais
demandez-vous, je vous en prie, si ces grandes
tristesses ne vous ont pas bien plutôt traversé
en plein milieu. Si beaucoup de choses ne se
sont pas métamorphosées en vous, si quelque
part, en un point quelconque de votre être,
vous ne vous êtes pas transformé pendant que

1. Rilke quitte Rome en juin 1904, après avoir commencé
la rédaction des *Carnets de Malte Laurids Brigge*, et séjourne
en Scandinavie sur l'invitation de son amie Ellen Key. Il se
rend d'abord en Suède, puis au Danemark, chez des amis
d'Ellen Key. Certains s'occupent de l'« école communau-
taire », la *Samskola*, à laquelle Rilke consacre un essai publié
en 1905. Ces préoccupations pédagogiques allant notamment dans le sens d'une réduction du rôle de la famille ne
sont pas sans rapport avec les idées développées dans les
lettres à Kappus.

vous étiez triste. Ne sont dangereuses et mauvaises que les tristesses qu'on promène dans le
monde pour que le bruit couvre leur voix ;
comme les maladies que l'on traite superficiel-
lement, déraisonnablement, elles ne font que
reculer pour n'être que plus terribles lorsque
après une petite pause, elles refont irruption ;
elles s'amassent au-dedans, et elles sont de la
vie, de la vie non vécue, dédaignée, perdue,
dont on peut mourir. S'il nous était possible de
voir au-delà des limites de notre savoir, et
même un peu plus loin que les avant-postes de
notre pressentiment, peut-être supporterions-
nous nos tristesses avec plus de confiance que
nos joies. Car elles sont les instants où quelque
chose de nouveau entre en nous, quelque
chose d'inconnu ; nos sentiments, craintifs et
mal à l'aise, sont tout à coup muets, tout en
nous recule, il se fait un silence, et le Nouveau,
que personne ne connaît, se tient au beau
milieu, et il se tait.

Je crois que toutes nos tristesses sont des
moments de tension que nous ressentons
comme une paralysie parce que nous n'enten-
dons plus vivre nos sentiments frappés de stu-
peur par cet étranger. Parce que nous sommes
seuls avec l'étranger qui est entré en nous ;
parce que tout ce qui nous est familier, habituel, nous est pour un instant enlevé ; parce
que nous sommes au beau milieu d'un gué où
nous ne pouvons pas faire halte. C'est pourquoi la tristesse passe aussi : le Nouveau en
nous, ce qui est venu nous rejoindre, est entré
dans notre cœur, a pénétré dans sa chambre la
plus intérieure et n'y est du reste déjà plus — il
est déjà dans notre sang. Et nous n'avons pas

eu le temps de savoir de quoi il s'agissait. On n'aurait aucune peine à nous faire croire qu'il ne s'est rien passé, et pourtant nous nous sommes métamorphosés, comme une maison se métamorphose lorsqu'un hôte y a pénétré. Nous ne pouvons pas dire qui est venu, nous ne le saurons peut-être jamais, mais bien des signes laissent penser que c'est ainsi que l'avenir entre en nous, pour se métamorphoser en nous bien avant de se produire.

Voilà pourquoi il est si important d'être solitaire et attentif quand on est triste : l'instant apparemment fixe, non perçu comme un événement, où notre avenir pénètre en nous est infiniment plus proche de la vie que cet autre moment, bruyant et fortuit, où il survient pour nous comme de l'extérieur. Plus nous sommes calmes, patients et ouverts lorsque nous sommes tristes, plus le Nouveau entre en nous profondément, directement, mieux nous en faisons l'acquisition, plus il sera un destin vraiment *nôtre* ; et lorsqu'un jour, plus tard, il « s'accomplira » (c'est-à-dire sortira de nous pour aller vers les autres), nous sentirons à son égard la parenté et la proximité les plus intimes. Et cela est nécessaire. Il est nécessaire — et c'est vers là qu'ira peu à peu notre développement — que ne nous advienne rien d'étranger, mais seulement ce qui nous appartient de longue date. On a déjà dû repenser tant de conceptions du mouvement ! Il faudra bien aussi en venir à admettre que ce que nous appelons destin sort des hommes et n'entre pas en eux de l'extérieur. Simplement, comme tant d'entre eux ont omis, aussi longtemps qu'en eux vivaient leurs destins, de s'en imprégner et de les transformer pour en faire leur propre substance, ils n'ont pas su reconnaître ce qui sortait d'eux-mêmes ; cela leur était si étranger que, dans l'affolement de la terreur, ils ont cru que cela venait à peine d'entrer en eux, car ils pouvaient jurer qu'ils n'y avaient auparavant jamais trouvé rien de semblable. De même qu'on s'est longtemps trompé sur le mouvement du soleil, de même on se trompe encore sur le mouvement de ce qui vient. L'avenir est fixe, cher monsieur Kappus, c'est nous qui sommes en mouvement dans un espace infini.

Comment notre condition ne serait-elle pas difficile ?

Et si nous parlons à nouveau de solitude, il est de plus en plus clair qu'elle n'est en fait rien qu'il nous soit loisible de choisir ou de laisser. Nous *sommes* seuls. On peut se donner le change et faire comme s'il n'en était pas ainsi. Mais pas plus. Or combien ne vaut-il pas mieux reconnaître que nous le sommes, et même partir précisément de là ! Alors, assurément, nous serons pris de vertige ; car tous les points sur lesquels notre regard avait l'habitude de se reposer nous sont enlevés, il n'y a plus rien de proche, et tout ce qui est lointain est à une distance infinie. Celui qui, sortant de sa chambre, serait, presque sans transition ni préparation, transporté au sommet d'une haute montagne éprouverait à coup sûr une sensation analogue : une insécurité sans pareille, l'impression d'être livré à quelque chose qui n'a pas de nom, manqueraient de l'anéantir. Il penserait tomber, ou se croirait projeté dans l'espace, ou se sentirait éclater en mille morceaux : quel énorme mensonge son cerveau ne devrait-il pas inventer pour rattraper ses sens et s'en expliquer l'état [1] ? C'est de la même manière que se transforment, pour celui qui devient solitaire, toutes les distances, toutes les mesures ; parmi ces transformations, beaucoup se produisent brutalement, et comme pour l'homme sur la montagne naissent alors de singulières illusions, des sensations étranges, qui semblent prendre une ampleur dépassant tout ce qui est supportable. Mais il est nécessaire que nous vivions aussi *cela*. Nous devons accepter notre existence aussi *loin* qu'elle puisse aller ; tout, même l'inouï, doit y être possible. C'est là, au fond, le seul courage que l'on exige de nous : être assez courageux pour accueillir ce qui peut venir à notre rencontre de plus étrange, de plus extravagant, de plus inexplicable.

La lâcheté des hommes à cet égard a causé à la vie des dommages sans limites ; les expériences vécues que l'on nomme « apparitions », tout ce que l'on appelle le « monde des esprits », la mort, toutes ces choses qui nous

1. On pense évidemment à l'expérience du vertige dans les *Essais* de Montaigne (II, XII) : « *Qu'on loge un philosophe dans une cage de menus filets de fer cler-semez, qui soit suspendue au haut des tours nostre Dame de Paris, il verra par raison évidente qu'il est impossible qu'il en tombe, et si, ne se sçauroit garder (s'il n'a accoustumé le mestier des recouvreurs) que la veuë de cette hauteur extreme ne l'espouvante et ne le transisse. [...] Cette mesme piperie que les sens apportent à nostre entendement, ils la reçoivent à leur tour. Nostre ame par fois s'en revenche de mesme ; ils mentent et se trompent à l'envy.* » Montaigne en faisait la base du doute radical. Chez Rilke, il s'agit d'abord d'une expérience *intérieure* (la solitude) qui par ailleurs, un peu comme chez Pascal, bien que celui-ci parte de la même mise en cause des *sens* et de la *raison* que Montaigne, fonde au contraire la nécessité d'*accueillir* l'inexplicable.

sont si apparentées ont été à tel point expulsées
de la vie, par une résistance quotidienne, que
les sens avec lesquels nous pourrions les saisir
se sont atrophiés [1]. Ne parlons pas de Dieu.
Mais la peur de l'inexplicable n'a pas seulement appauvri l'existence de l'individu, elle a
aussi confiné les relations d'être humain à être
humain, les a en quelque sorte tiré du lit d'un
fleuve d'infinies possibilités pour les laisser sur
une friche de la grève à laquelle rien n'advient.
Car cela n'est pas dû à la seule paresse, si les
rapports entre les humains se répètent d'un cas
à un autre avec la même indicible monotonie,
dans une absence totale de renouvellement,
cela est dû à la crainte de tout vécu nouveau,
imprévisible, qu'on ne se croit pas de taille à
affronter.

Or seul celui qui s'attend à tout, qui n'exclut
rien, pas même ce qu'il y a de plus énigmatique, vivra sa relation à l'autre comme
quelque chose de vivant et, de son côté, épui-
sera sa propre existence. Car si nous nous
représentons cette existence de l'individu
comme un espace plus ou moins grand, il
apparaît que la plupart ne connaissent qu'un
petit coin de leur espace, une place près de la

1. Dans sa sensibilité à ce qu'il appelle *Weltinnenraum*,
cet espace intérieur/extérieur où l'homme se trouve dans
l'univers alors que l'univers est en lui, Rilke s'est intéressé
aux phénomènes « parapsychologiques ». La princesse de
Tour et Taxis, qui était membre d'une « Society of Psychical
Research », parle dans ses souvenirs de séances de spiritisme
au château de Lautschin et à Duino. L'œuvre est parsemée
d'apparitions, comme dans les *Cahiers de Malte* ou la
légende de *La Dame Blanche*. — L'image de la Vie comme
fleuve est récurrente chez Rilke : elle s'applique aussi à la
création (voir ci-dessous la fin de la lettre à Lou du 8 août
1903).

fenêtre, une étroite bande de sol où ils font les
cent pas. Cela leur donne une certaine sécurité.
Et pourtant, combien plus humaine est la
périlleuse insécurité qui, dans les histoires de
Poe [1], pousse les prisonniers à reconnaître à
tâtons les formes de leurs effroyables cachots, à
ne pas rester étrangers aux terreurs indicibles
de l'endroit où ils séjournent. Nous, nous ne
sommes pas des prisonniers. On n'a placé
autour de nous ni trappes ni nœuds coulants,
et il n'y a rien qui doive nous faire peur ni nous
tourmenter. Nous sommes placés dans la vie
comme dans l'élément qui nous correspond le
mieux, et une adaptation poursuivie pendant
des millénaires, au surplus, nous a rendus si
semblables à cette vie que si nous nous tenons
cois, un heureux mimétisme fait que nous ne
nous distinguons pratiquement pas de tout ce
qui nous entoure [2]. Nous n'avons aucune
raison d'avoir de la méfiance envers le monde
qui est le nôtre, car il n'est pas contre nous. S'il
contient des terreurs, ces terreurs sont les
nôtres, des abîmes, ces abîmes nous appartien-
nent, s'il présente des dangers, nous devons
essayer de les aimer. Et pourvu que nous
réglions notre vie sur le principe qui nous
conseille de toujours nous en tenir à ce qui est
lourd, difficile, ce qui nous apparaît
aujourd'hui encore comme la chose la plus
étrangère deviendra ce que nous aurons de

1. L'Américain Edgar Allan Poe (1809-1849) que Baudelaire a traduit. La suite montre que Rilke pense plus précisément à la nouvelle *Le Puits et le pendule*.
2. Encore l'assimilation des hommes aux « choses »,
comme, plus fugitivement, dans la lettre du 23 décembre
1903.

plus familier et de plus fidèle. Comment oublier les vieux mythes qui sont au commencement de tous les peuples, ces mythes qui nous parlent de dragons métamorphosés, à l'instant ultime, en princesses ? Peut-être tous les dragons de notre vie sont-ils des princesses qui n'attendent que le moment de nous voir beaux et courageux. Peut-être tous les effrois ne sont-ils, au fond du fond, qu'une impuissance qui demande notre aide.

Aussi, cher Monsieur Kappus, ne devez-vous pas vous effrayer quand une tristesse se lève devant vous, si grande que jamais vous n'en aviez vu de pareille ; si une inquiète agitation, comme la lumière et l'ombre des nuages, parcourt vos mains et tout ce que vous faites. Il vous faut penser alors que quelque chose se passe en vous, que la vie ne vous a pas oublié, qu'elle vous tient dans sa main ; elle ne vous laissera pas tomber. Pourquoi voudriez-vous exclure de votre vie quelque anxiété, quelque douleur, quelque mélancolie que ce soit, puisque vous ignorez quel est le travail que ces états accomplissent en vous ? Puisque vous savez bien que vous êtes au milieu de transitions, et que vous ne souhaitiez rien tant que de vous transformer ? S'il y a quelque chose de maladif dans les processus qui agissent en vous, songez que la maladie est le moyen par lequel l'organisme se libère de ce qui lui est étranger ; il faut au contraire l'aider à être malade, à couver jusqu'au bout sa maladie, jusqu'à ce qu'elle éclate, car c'est un progrès pour lui. Il se passe en ce moment tant de choses en vous, cher monsieur Kappus ! Il vous faut être patient comme un malade et assuré

comme un convalescent ; car vous êtes peut-
être les deux. Et plus encore : vous êtes le
médecin qui doit veiller sur lui-même. Mais il y
a au cours d'une maladie bien des jours où le
médecin ne peut rien faire d'autre qu'attendre.
Et à présent, c'est avant tout cela que vous
avez à faire, en tant que votre propre médecin.

Ne vous observez pas trop. Ne tirez pas de
conclusions trop rapides de ce qui vous arrive ;
laissez-le simplement arriver. Sans quoi vous
n'auriez que trop tendance à jeter un regard
réprobateur (c'est-à-dire moral) sur votre
passé, qui a naturellement sa part dans tout ce
qui vous advient actuellement. Ce dont vous
vous souvenez et que vous condamnez n'est
pas ce qui, des égarements, des souhaits et des
désirs du petit garçon que vous étiez, agit
maintenant en vous. Les conditions exception-
nelles d'une enfance solitaire et désemparée
sont si difficiles, si compliquées, livrées à tant
d'influences et en même temps si isolées de
toutes les réalités de la vie que lorsqu'un vice y
pénètre, on ne doit pas se hâter de l'appeler un
vice. Les noms demandent d'une manière
générale une grande prudence ; c'est si souvent
sur le *nom* d'un crime que se brise une vie, non
sur l'acte lui-même, qui était personnel, n'avait
pas de nom et constituait peut-être une nécessité bien précise pour cette vie, à laquelle il
pourrait s'intégrer sans peine [1]. Et la dépense
d'énergie ne vous paraît si grande que parce
que vous surestimez la victoire ; ce n'est pas

1. Toujours la déculpabilisation du sexe et le refus de la
notion de « vice », mot employé dans le *Rodin* pour le vider
aussitôt de son contenu (voir la note à la lettre du 14 mai
1904).

elle, la « grande chose » que vous pensez avoir menée à bien, quoique votre sentiment ne vous trompe pas ; ce qui est grand, c'est qu'il y eût déjà là quelque chose que vous avez pu mettre à la place de ce mensonge, quelque chose de vrai et de réel. Sans cela, votre victoire n'aurait été qu'une réaction morale, sans grande signification, alors qu'ainsi, elle est devenue une étape de votre vie. De votre vie, cher monsieur Kappus, à laquelle je pense en formant tant de vœux. Vous rappelez-vous combien cette vie désirait sortir de l'enfance pour rejoindre les « grands » ? Je la vois maintenant qui désire quitter les grands pour rejoindre les plus grands. C'est pourquoi elle ne cesse pas d'être difficile, mais c'est aussi pourquoi elle ne cessera pas non plus de grandir.

Et si je peux encore vous dire une chose, c'est celle-ci : ne croyez pas que celui-là même qui tente de vous consoler vive sans peine au milieu des mots calmes et simples qui vous font parfois du bien. Sa vie connaît bien de la peine et de la tristesse, et reste loin derrière vous. Mais s'il en était autrement, jamais il n'aurait pu trouver ces mots.

Votre
Rainer Maria Rilke.

Furuborg, Jonsered, en Suède,
le 4 novembre 1904

Mon cher monsieur Kappus,

Cette période sans lettre m'a vu tantôt en voyage, tantôt si occupé qu'il m'était impossible d'écrire. Et aujourd'hui encore, écrire m'est difficile, parce qu'il m'a déjà fallu écrire tant de lettres que ma main est fatiguée. Si je pouvais dicter, je vous dirais beaucoup de choses, mais puisqu'il en est ainsi, acceptez ces quelques mots en échange de votre longue lettre.

Je pense souvent à vous, cher monsieur Kappus, et je me concentre si bien en formant des vœux à votre adresse que cela ne devrait pas manquer de vous aider en quelque manière. Mes lettres peuvent-elles être une aide ? Il m'arrive souvent d'en douter. Ne dites pas : oui, c'en est une. Accueillez-les tranquillement, sans trop de gratitude, et attendons ce qui voudra bien venir.

Il n'est peut-être pas utile que je m'étende sur chacun de vos propos ; car ce que je pourrais dire sur votre penchant au doute ou sur

l'incapacité où vous êtes de mettre en harmonie votre vie intérieure et votre vie extérieure, ou sur tout ce qui vous oppresse
encore — n'est rien d'autre que ce que je vous
ai déjà dit : toujours le même souhait que
vous trouviez en vous-même assez de patience
pour supporter et assez de candeur pour avoir
la foi [1] ; que vous puissiez acquérir toujours
plus de confiance envers ce qui est difficile et
envers votre solitude au milieu des autres. Et
pour le reste, laissez la vie vous arriver.
Croyez-moi : la vie a raison, dans tous les cas.

Et à propos des sentiments : sont purs tous
les sentiments qui vous rassemblent et vous
élèvent ; est impur le sentiment qui n'implique
qu'*une* face de votre être et par là vous
déforme. Tout ce que vous pouvez penser à
l'égard de votre enfance est bon. Tout ce qui
fait de vous *plus* que vous n'étiez dans vos
meilleures heures est juste. Toute exaltation
est bonne si elle est dans la *totalité* de votre
sang, si elle n'est ni ivresse ni eau trouble,
mais joie claire dont on voit le fond. Com-
prenez-vous ce que je veux dire ?

Et votre doute peut devenir une qualité si
vous l'*éduquez*. Il doit acquérir un *savoir* [2], il
doit se transformer en critique. Demandez-lui,
chaque fois qu'il veut vous gâcher quelque

1. Cette candeur naïve et « simple » (Rilke emploie le mot
Einfalt, la simplicité du niais) rappelle, au-delà, par exemple,
du *Parsifal* de Wagner, de la *Petite Catherine de Heilbronn* de
Kleist, ou de l'Odile des *Affinités électives*, celle du « pur fol »
médiéval, dont la « bêtise » est ouverture au divin.
2. Cette exigence d'un *savoir* et d'une clarification, Rilke
la ressent pour lui-même, comme le montrent les lettres à
Lou, et l'applique aussi à son rapport avec le monde extérieur.

chose, pourquoi cette chose est laide, exigez de lui des preuves, mettez-le à l'épreuve lui-même et vous le trouverez peut-être désemparé, dans l'embarras, mais peut-être aussi révolté. Mais ne cédez pas, exigez des arguments et agissez ainsi chaque fois, avec vigilance et logique : le jour viendra où, de destructeur qu'il était, il deviendra l'un de vos meilleurs ouvriers — peut-être le plus intelligent de tous ceux qui construisent votre vie.

C'est là, cher monsieur Kappus, tout ce que je suis en mesure de vous dire aujourd'hui. Mais je vous envoie en même temps le tiré à part d'un petit texte qui vient de paraître dans la *Deutsche Arbeit* [1] de Prague. Là, je continue à vous parler de la vie et de la mort, et de ceci que l'une et l'autre sont grandes et magnifiques.

Votre
Rainer Maria Rilke.

---

1. « Travail allemand », qui avait publié la deuxième version du *Cornette Christoph Rilke*, dont il s'agit probablement ici.

Paris, le deuxième jour de Noël 1908 [1]

Il faut que vous sachiez, cher monsieur Kappus, combien j'ai été content de recevoir cette belle lettre de vous. Les nouvelles que vous me donnez, redevenues réelles et exprimables, me semblent bonnes, et plus je réfléchissais à cela, plus je les trouvais bonnes en effet. C'est pour le soir de Noël, à vrai dire, que je voulais vous écrire cela ; mais le travail au milieu duquel, cet hiver, je vis à de multiples titres et sans interruption, est cause que cette fête ancestrale est si vite arrivée qu'il ne m'est guère resté de temps pour m'acquitter des préparatifs nécessaires, et beaucoup moins encore pour écrire.

Mais j'ai souvent pensé à vous en ces jours de fête, et j'ai imaginé le calme où vous devez être plongé dans votre forteresse solitaire au

1. En Allemagne, c'est ainsi que l'on désigne le 26 décembre, qui est férié. Il s'est écoulé plus de quatre ans depuis la précédente lettre. Rilke, entre-temps, a vécu à Meudon et travaillé auprès de Rodin, s'en est séparé (1906), est retourné en Allemagne, puis, après la réconciliation (1907), est revenu à Paris en mai 1908 pour s'installer en août à l'hôtel Biron (aujourd'hui Musée Rodin, rue de Varenne) où logent aussi d'autres grands artistes.

milieu des montagnes désertes sur lesquelles
se jettent ces grands vents du sud comme
pour les engloutir à grandes bouchées.

Il faut qu'il soit immense, le calme où trouvent place pareils bruits et pareils mouvements, et lorsqu'on songe qu'à tout cela
s'ajoutent encore, se mêlent encore la pré-
sence et le grondement de la mer lointaine
— le son le plus intérieur, peut-être, dans
cette harmonie préhistorique —, on ne peut
que vous souhaiter de laisser avec confiance,
patiemment, travailler en vous cette grandiose
solitude qui ne se laissera jamais effacer de
votre vie ; qui œuvrera de manière décisive,
continûment et en silence, dans tout ce que
vous avez encore à vivre et à faire, un peu
comme le sang des ancêtres se meut sans
cesse en nous et se mêle à notre propre sang
pour composer l'être unique, non reproduc-
tible que nous sommes à tous les méandres de
notre vie.

Oui : je me réjouis de savoir que vous êtes
accompagné par cette existence solide, tradui-
sible en mots, cet uniforme, ce service, toutes
ces choses saisissables et délimitées qui, dans
un tel environnement, avec une garnison peu
nombreuse et tout aussi isolée, acquièrent un
sérieux et une nécessité, prennent, au-delà de
ce que le métier des armes a d'un jeu et d'un
passe-temps, la signification d'une application
de la vigilance et non seulement autorisent,
mais précisément éduquent l'autonomie de
l'attention. Que nous soyons dans des conditions qui travaillent à nous construire, qui nous
placent d'une fois à l'autre devant de grandes
choses de la nature, c'est là tout le nécessaire.

L'art, lui aussi, n'est qu'une manière de vivre, et l'on peut pour ainsi dire, en vivant, sans le savoir, se préparer à lui ; dans toute activité réelle, on est plus proche, plus voisin de lui qu'en exerçant ces irréelles professions semi-artistiques qui, au moment même où elles donnent l'illusion d'être proches de l'art, nient en pratique tout art et lui portent atteinte, comme le font par exemple tout ce qui est journalisme, presque toute la critique, les trois quarts de ce qui porte le nom ou prétend porter le nom de littérature. Je me réjouis, en un mot, de savoir que vous avez échappé au péril de tomber dans ce piège, et que vous êtes solitaire et courageux au milieu d'une rude réalité. Puisse l'année qui vient vous y maintenir et vous y conforter [1].

Toujours votre
Rainer Maria Rilke.

1. La boucle est donc bouclée : cinq ans après l'interrogation initiale de Kappus, la réponse est donnée : il est fait pour autre chose, pour une « existence solide » au milieu de laquelle il doit rester « courageux et solitaire ». On pourrait voir quelque ironie ou quelque paradoxe dans l'apologie de la « dure réalité » militaire, que Rilke a toujours détestée, ou dans la confraternité avec laquelle il affirme que « l'art, lui aussi, n'est qu'une manière de vivre » — parmi d'autres, en somme ! Mais cette dénonciation des faux-semblants de la para-littérature est sincère : l'art et la vie se retrouvent dans le *réel*.

AUTRES LETTRES

A LOU ANDREAS-SALOMÉ

Provisoirement à Oberneuland près
Brême [1]
le 25 juillet 1903

Ta lettre, Lou, m'a suivi de Worpswede jusqu'ici. Elle est arrivée hier matin, et la petite
Ruth était là quand je l'ai lue pour la première
fois. Depuis, je l'ai relue souvent, en faisant les
cent pas dans le jardin, et chaque fois, je la
recevais à nouveau, je l'accueillais comme
quelque chose de nouveau, d'inespéré, quelque
chose de bon au-delà de toute mesure. C'est de
la même manière que les oiseaux sont venus à
ceux qui étaient dans le désert et leur ont
apporté du pain ; peut-être tiraient-ils leur
nourriture d'eux-mêmes, de la profondeur de
leur détresse et de leur solitude, mais ils ne le
savaient pas jusqu'à ce que cet oiseau étranger

1. Chez les parents de Clara. Rilke est revenu de Viareggio à Paris à la fin du mois d'avril et passe les mois de
juillet et d'août à Worpswede et à Oberneuland. Les relations avec Lou ont été rétablies au mois de juin. Cette lettre
se situe donc entre la quatrième à Kappus, écrite à Worpswede le 16 juillet, et la cinquième, à Rome le 29 octobre.

arrivât avec ce petit pain, le signe extérieur, en
quelque sorte, de la nourriture intérieure dont
ils vivaient... C'est ainsi que ta voix vient à
moi, en même temps que cette grande appro-
bation que je ne mérite peut-être pas ; car,
Lou, ce qui date de l'époque d'avant Wolfrathshausen [1] et que tu ressens aussi est resté
fort en moi, et je crois que je n'en suis pas
encore maître. La grande expérience que j'ai
eue quotidiennement à Paris de tant de souffrances, cette révélation du cataclysme, a peut-
être été, en fin de compte, trop grande pour
moi et a déferlé comme une vague sur ma
volonté. A *toi*, j'ai pu l'écrire, parce que je suis
rempli du désir de m'étaler à tes yeux pour
qu'ils me voient tout entier ; mais ce n'était
qu'une lettre. Et rien ne s'est encore formé à
partir de cela, il n'existe encore aucune chose
qui témoigne pour moi : cela viendra-t-il ? Il
me semble que ce que je reçois réellement
tombe trop au fond de moi, tombe, tombe
pendant des années, et qu'à la fin la force me
manque pour le soulever et le sortir de moi, si
bien que j'erre dans l'angoisse avec ce fardeau
trop lourd de mes profondeurs et que je ne
parviens pas à les atteindre. Je sais bien que
l'impatience porte tort à tous ces processus, à
toutes ces métamorphoses qui s'accomplissent
dans l'obscurité, comme dans les ventricules
d'un cœur [2] ; et que dans la patience réside
tout : l'humilité, la force et la mesure. Mais la

1. Près de Munich, et où Lou et Rilke avaient passé une
partie de l'été lors de leurs premières relations.
2. Même image dans la lettre à Kappus du 12 août 1904,
à propos, cependant, de l'intervention du Nouveau dans ces
processus.

vie s'en va, elle n'est pas plus qu'un jour, et celui qui voudrait être patient aurait besoin de mille de ces jours, dont peut-être même pas un seul ne lui sera donné. La vie s'en va, et elle laisse là bien des gens au loin, et elle contourne ceux qui attendent. C'est pour cela que j'aimerais travailler, pour n'être pas de ceux qui attendent, que j'aimerais rester dans l'atelier de mon œuvre jusqu'au fond du crépuscule de chaque jour. Et je ne le peux pas, parce qu'en moi presque rien n'est à terme, ou bien que je ne le sais pas et que je laisse mes inaccessibles récoltes vieillir et se gâter [1]. Il n'y a encore que confusion en moi ; les expériences que je fais sont comme de la douleur et ce que je regarde réellement me fait mal. Ce n'est pas moi qui saisis l'impression : elle m'est mise dans la main avec ses pointes et ses tranchants, elle m'est enfoncée bien profond dans la main, presque contre ma volonté ; et lorsque je veux prendre quelque chose, cela me glisse des doigts, s'échappe comme de l'eau et va couler vers d'autres après n'avoir un instant reflété de moi qu'une image dispersée. Que doit faire quelqu'un qui comprend si peu la vie, qui est contraint de la laisser advenir et doit constater que son propre vouloir est toujours plus réduit qu'un autre grand vouloir dans le flot duquel il lui arrive de se retrouver comme une chose qui dérive vers l'aval ? Que doit faire quelqu'un, Lou, pour qui les livres dans lesquels il aimerait pénétrer par la lecture ne s'ouvrent que comme de lourdes portes brutalement refermées au premier vent ? Que doit faire quel-

1. On voit ici les contradictions du principe de patience et la difficulté de son application.

qu'un pour qui les êtres humains sont tout aussi difficiles que les livres, tout aussi superflus, étrangers, parce qu'il est incapable de prendre en eux ce dont il a besoin, parce qu'il est incapable de choisir en eux, qu'il prend ce qu'ils ont d'important mais aussi ce qu'ils ont de fortuit, et se charge du tout ? Que doit-il faire, Lou ? Doit-il être totalement solitaire et s'accoutumer à n'habiter qu'avec les choses, qui lui ressemblent davantage et ne font peser sur lui aucun fardeau ?

Oui, Lou, je crois moi-même que les expériences de ces dernières années ont été bonnes pour moi, que tout ce qui est venu m'a plus fermement enfoncé en moi-même et non plus dispersé comme si souvent autrefois : ainsi, je suis devenu plus dense, et il y a moins de pores en moi, moins d'interstices qui puissent se remplir et enfler lorsque quelque chose d'étranger y pénètre.

Mais je ne peux être un soutien pour personne : ma petite enfant est obligée d'être chez des personnes étrangères, ma jeune femme, qui a aussi son travail, dépend d'autres personnes qui s'occupent de sa formation, et moi-même, je ne peux être utile nulle part et je suis incapable de rien gagner. Et bien que ceux qui me touchent le plus immédiatement, et qui sont concernés, ne m'en fassent aucun reproche, le reproche est là et la maison où je me trouve en ce moment en est remplie. Et cela rend à nouveau nécessaire de résister, de rassembler tous ses moyens et de se défendre, et les forces s'épuisent, et l'angoisse sourd de bien des choses.

Ainsi, l'impression que j'ai souvent, c'est

celle, à tous égards, de ne pouvoir, tel que je
suis, rien donner aux deux êtres qui me sont
liés (le petit et le grand —), ni les protéger de
rien. Car je sais si peu de chose et je n'ai que
fort mal appris à m'occuper de quelqu'un, et
pratiquement pas à lui venir en aide. Et j'ai
déjà tant de travail, jour et nuit, avec moi-
même, que je ressens presque de l'hostilité
envers les proches qui me dérangent et ont des
droits sur moi. Et d'être humain à être humain,
tout est si difficile, si inconnu, si dépourvu de
modèle et d'exemple, et il faudrait vivre à l'intérieur de chaque relation avec une attention
totale, de manière créatrice à tous les instants,
dont chacun exige du nouveau, impose des
tâches, et des questions, et des exigences...

Mais nous avons donc revu notre petite fille.
Elle habite ici, à Oberneuland, chez les parents
de ma femme, qui louent depuis des années un
vieux domaine paysan. Il y a là une haute
maison blanche à toit de chaume dans un
jardin, ou plutôt dans un morceau de parc avec
des arbres très hauts, des pelouses et des allées
dont les longs détours s'enfoncent lentement
dans l'obscurité. Et des vastes prairies vient le
vent qui entre en apportant ses grands espaces,
son parfum, et fait le jardin plus grand qu'il
n'est. C'est là que Ruth grandit. Et elle est
presque toujours dehors, sans vêtements, et,
comme un petit enfant dans une tribu sauvage,
elle est pleine d'assurance dans la nudité dont
elle a l'habitude. Quand elle met des vêtements, ils sont très simples, du genre de ceux
que portent les enfants dans les tableaux de
Millet, des vêtements de travail, adaptés aux
choses qu'elle fait, à ce petit travail ininter-

rompu qui consiste à marcher et à saisir, et qui remplit ses journées d'un bout à l'autre.

Au début, quand nous sommes arrivés, nous avons essayé d'être parfaitement silencieux et comme des choses, et Ruth, assise, nous a regardés longtemps. Ses yeux bleus, sombres et sérieux ne nous quittaient pas, et nous avons attendu une heure sans presque bouger, comme on attend que s'approche un oiseau que tout mouvement pourrait effrayer. Et finalement, elle s'est approchée tout à fait d'elle-même et a risqué quelques mots isolés, pour voir si nous la comprenions ; plus tard, elle a reconnu dans nos yeux, de tout près, sa propre image qui brillait. Et elle s'est exclamée et a souri ; telle a été sa première manifestation de familiarité.

Ensuite, elle a toléré avec un rien de supériorité indulgente nos timides efforts pour lui être proches et tout partager avec elle. Et puis soudain, il lui était naturel de dire Maman, puis à nouveau elle écartait les bras comme dans un souvenir et venait vers nous comme vers quelque chose qui lui était cher. A présent, elle est gentille avec nous ; et moi, elle m'appelle « monsieur » et « bon monsieur », et elle est contente que je sois encore là.

Ce sera le cas trois ou quatre jours encore. Ensuite, nous reviendrons chez les Vogeler à Worpswede, d'où je t'enverrai tout de suite les livres ; le livre sur Worpswede et le livre sur Rodin ; lis-les comme tu lis ces lettres ; car j'y ai écrit beaucoup de choses qui s'adressent à toi, et dans la conscience que *tu existes*.

Rainer.

Oberneuland près Brême
le 8 août 1903

[...]
Dès que je suis arrivé chez Rodin et que j'ai
déjeuné chez lui à la campagne, à Meudon, à la
même table que des gens dont on ne faisait pas
la connaissance, des étrangers, j'ai su que sa
maison n'était rien pour lui, tout au plus un
misérable pis-aller, un toit pour s'abriter de la
pluie et pour dormir ; et que ce n'était pas un
souci pour lui, ni un fardeau pour sa solitude ni
sa concentration. C'est au fond de lui-même
qu'il portait l'obscurité, le refuge et le calme
d'une maison, au-dessus de laquelle il était lui-
même devenu ciel, et tout autour forêt, vastes
espaces et large fleuve ne cessant de s'écouler.
Oh, quel solitaire est ce vieillard qui, enfoncé
en lui-même, se dresse plein de sève comme un
vieil arbre à l'automne ! Il est devenu profond ;
il a creusé des profondeurs pour son cœur,
dont le battement vient de très loin, comme du
centre d'un massif montagneux. Ses pensées

circulent en lui, le remplissent de poids et de douceur [1], et ne se perdent pas à la surface. Il s'est émoussé, s'est endurci contre ce qui n'a pas d'importance, et c'est comme entouré d'une vieille écorce qu'il se dresse parmi les hommes. Mais à ce qui est important, il s'ouvre tout d'un coup, et il est grand ouvert lorsqu'il est avec des choses, ou quand les animaux et les hommes le touchent en silence, comme des choses. Là, il est apprenti, débutant, spectateur et imitateur de beautés qui, ailleurs, se sont toujours évanouies parmi ceux qui dorment, qui sont distraits ou indifférents. Là, il est l'être attentif à qui rien n'échappe, celui qui aime, qui accueille constamment, l'être de patience qui ne mesure pas son temps et ne songe pas à vouloir ce qui est à sa portée immédiate. Toujours ce qu'il contemple et entoure de contemplation est la seule chose qui existe, le monde où tout advient ; quand il donne forme à une main, elle est seule dans l'espace, et il n'y a rien d'autre qu'une main ; et Dieu a mis six jours à ne faire qu'une main, et autour d'elle il a déversé les eaux, et courbé les cieux au-dessus d'elle ; et lorsque tout a été achevé, il s'est reposé *sur elle*, et c'était une splendeur et une main [2].

1. Voir dans les lettres à Kappus, notamment celle du 16 juillet 1903, l'importance du poids et l'image du miel.
2. Rilke écrit dans *Auguste Rodin* : « *L'artiste est celui à qui il revient, à partir de nombreuses choses, d'en faire une seule et, à partir de la moindre partie d'une seule chose, de faire un monde. Il y a dans l'œuvre de Rodin des mains, des petites mains autonomes, qui sans faire partie d'aucun corps, sont vivantes [...] Rodin, sachant par l'éducation qu'il s'est donnée que le corps n'est tout entier composé que de théâtres où se joue la vie — une vie capable à chaque endroit de devenir individuelle et gran-*

Et si cette façon de regarder et de vivre est si solidement ancrée en lui, c'est qu'il l'a acquise en artisan : c'est à l'époque où il a acquis l'élément si infiniment immatériel, si infiniment simple dans lequel se meut son art, qu'il s'est acquis cette grande justice, cet équilibre face au monde qui n'est déstabilisé par aucun nom. Comme il lui a été donné de voir des choses en tout, il a gagné cette capacité de construire des choses ; car c'est là son grand art. A présent, aucun mouvement ne le trouble plus, parce qu'il sait que même le va-et-vient d'une surface calme contient du mouvement, et parce qu'il ne voit que des surfaces et des systèmes de surfaces qui déterminent des formes avec précision et netteté. Car il n'y a rien d'incertain pour lui dans un objet qui lui sert de modèle : là, mille petits éléments de surfaces sont insérés dans l'espace, et sa tâche, quand il crée sur ce modèle une œuvre d'art, consiste à intégrer la chose de façon encore plus intime, encore plus solide, mille fois mieux en somme dans l'immensité de l'espace, de telle manière, pour ainsi dire, qu'elle ne bouge pas quand on cherche à l'ébranler. La chose est définie : la chose créée par l'art doit être plus définie encore ; mise à l'abri de toute forme de hasard, soustraite à tout manque de clarté, arrachée au temps et livrée à l'espace, elle est devenue durable, apte à l'éternité. Le modèle *apparaît*, la chose de l'art *est*. Ainsi, la seconde représente un insondable progrès par rapport au premier, elle est la réalisation silencieuse et

---

diose —, *a le pouvoir de conférer à n'importe quelle portion de cette vaste surface vibrante l'autonomie et la plénitude d'un tout.* » (Trad. B. Lortholary, Rilke, *Œuvres en prose*, ouv. cit.).

ascendante du désir d'être qui émane de la nature tout entière. Ainsi tombe d'elle-même l'erreur qui prétendait faire de l'art l'activité la plus arbitraire et la plus vaine ; il est la plus humble manière de servir, entièrement portée par une loi. Mais tous ceux qui créent, aussi bien que tous les arts, sont remplis de cette erreur, et il fallait quelqu'un de très puissant pour se lever et la combattre ; et il fallait que ce fût quelqu'un d'actif, qui, au lieu de parler, ne cessât pas de faire des choses. Depuis le début, son art est réalisation (et le contraire de la musique, en tant qu'elle métamorphose les réalités apparentes du monde quotidien et les déréalise encore pour en faire des apparences légères et qui glissent. C'est d'ailleurs pourquoi cet opposé de l'art, cette absence de densification, cette tentation de l'écoulement a tant de sectateurs pour l'écouter et lui obéir, d'esclaves enchaînés à la jouissance, plongés de l'extérieur dans le ravissement et non point élevés jusqu'au-dessus d'eux-mêmes depuis le fond d'eux-mêmes...) Rodin, né dans la pauvreté et d'une basse condition, a vu mieux que tout autre que dans les hommes, les animaux et les choses, la beauté est mise en péril par les circonstances et le temps, qu'elle n'est qu'un instant, une jeunesse qui, à tous les âges, vient et s'en va, mais n'a pas de durée. Ce qui lui donnait de l'inquiétude, c'était justement l'*apparence* dans ce qu'il tenait pour indispensable, pour nécessaire et bon : l'apparence de la beauté. Il a voulu qu'elle *soit*, et il pensait que sa tâche était de faire entrer des choses (car les choses duraient) dans le monde moins menacé, plus calme et plus éternel de l'espace ; et il appliquait inconsciem-

ment les lois de l'adaptation à son œuvre, qui
s'est donc développée de manière organique et
devint capable de vivre [1]. Très tôt déjà, il a
essayé de ne rien faire qui fût dirigé « vers l'aspect extérieur » ; il n'y a jamais eu de recul chez
lui, mais toujours une proximité penchée en
permanence sur ce qui est en devenir. Cette
particularité a maintenant acquis tant de force
en lui qu'on pourrait presque dire que l'aspect
extérieur de ses choses lui est indifférent, tant
elles sont vécues par lui dans leur *être*, leur déta-
chement de l'incertain, comme achevées et
bonnes dans toute leur autonomie ; elles ne se
tiennent pas sur la Terre, elles tournent autour
d'elle.

Et c'est parce que sa grande œuvre a pris
naissance dans le travail de l'artisan, dans une
humble volonté qui n'avait d'autre intention que
de faire des choses toujours meilleures, qu'il se
dresse aujourd'hui, vierge et pur de toute intention et de tout sujet, comme l'un des individus
les plus simples au milieu de ses choses parve-
nues à maturité. Les grandes pensées, les signi-
fications sublimes sont venues à ces choses
comme des lois s'accomplissant dans ce qui est
bon et achevé ; il ne les a pas appelées [2]. Il ne les
a pas voulues ; il a suivi son chemin tout en bas,
comme un valet, et il a fait une Terre, cent

1. Cet organicisme s'applique donc aussi bien à l'homme,
qui doit trouver sa place dans la nature et s'y développer,
qu'à l'œuvre d'art, placée dans l'univers comme sœur ou
rivale des autres « choses de la nature » — mais elle a le
privilège de l'éternité. On pourrait voir là une définition du
« poème-chose ».
2. De même que dans l'amour, l'étreinte inconsciente
n'en aboutit pas moins à l'exécution d'une loi (lettre à
Kappus du 16 juillet 1903, ci-dessus, p. 58).

Terres. Mais chacune de ces terres, en vivant, projette les rayons de son propre ciel et lance très loin dans l'éternité des nuits pleines d'étoiles.

C'est parce que rien n'a été pensé que son œuvre a cette immédiateté et cette pureté qui nous émeuvent ; les groupes de figures, les grands ensembles de personnages, il ne les a pas composés à l'avance, au moment où ce n'étaient encore que des idées ; (car il y a l'idée — qui n'est presque rien —, et il y a la réalisation, qui est tout). Il a tout de suite fait des choses, beaucoup de choses, et c'est seulement à partir de ces choses qu'il a modelé ou fait surgir l'unité nouvelle ; de sorte que si ses ensembles suivent une cohérence intérieure et une loi, c'est parce que ce ne sont pas des idées, mais des choses qui se sont unies. — Cette œuvre ne pouvait venir que d'un ouvrier, et celui qui l'a construite peut à bon droit nier l'inspiration : elle ne descend pas sur lui, parce qu'elle est *en* lui, jour et nuit, suscitée par chaque regard, comme une chaleur produite par chaque geste de sa main. Et plus les choses croissaient autour de lui, moins arrivait jusqu'à lui l'agitation capable de le déranger ; car tous les bruits se brisaient sur les réalités qui l'entouraient. C'est son œuvre elle-même qui l'a protégé ; il habitait en elle comme dans une forêt, et il faut que sa vie ait été longue, puisque ce qu'il a planté lui-même est devenu une haute futaie. Et lorsqu'on se promène parmi les choses auprès desquelles il habite et il vit, qu'il revoit tous les jours et perfectionne tous les jours, sa maison et le bruit qui y règne sont quelque chose d'indiciblement infime et secondaire, qu'on ne regarde que comme dans un rêve, étrangement décalé et rempli d'un choix de pâles souvenirs.

Sa vie quotidienne et les gens qui en font partie sont là comme un lit à sec que son flot n'emprunte plus ; mais cela n'a rien de triste, car on entend à côté le grondement et la coulée puissante du fleuve qui n'a pas voulu se partager en s'offrant à deux bras [1]...

Et je crois, Lou, qu'il doit en être ainsi ; cette vie-là est *une* vie, l'autre en est une autre, et nous ne sommes pas faits pour en avoir deux ; quand je désirais une réalité, une maison, des êtres humains qui m'appartinssent aussi loin que l'on puisse voir, quand je désirais le quotidien — combien je me trompais ! Depuis que j'ai toutes ces choses, elles se détachent de moi, une par une. Qu'était donc ma maison pour moi, sinon un pays étranger pour lequel il me fallait travailler, et les êtres qui me sont proches sont-ils pour moi autre chose qu'une visite qui s'incruste ? Combien je me perds quand je veux être quelque chose pour eux ! Comme je m'éloigne de moi sans pouvoir arriver jusqu'à eux, toujours en voyage entre eux et moi, de telle sorte que je ne sais pas où je suis ni ce qui me reste de moi et en est accessible ! Pour qui puis-je être quoi que ce soit, moi qui ne suis pas habilité à aller vers les êtres humains et qui n'ai aucun droit sur eux ? Comment devrait-il vivre, celui qui aurait le droit de dire son enfant vraiment sien ? Comment pourrait-il faire autre chose que de chercher à le gagner nuit et jour ? Là, toute relation implique des tâches, tout rapport impose des

1. Il est clair que Rodin fournit ici à Rilke l'exemple de ce à quoi il voudrait parvenir : la solitude dans la productivité. C'est exactement cette image du fleuve qu'il reprendra plus loin à son propre sujet.

exigences et des lois : on peut y faire entrer le
bonheur et la grandeur de la vie et se développer ainsi jusqu'à être soi-même. Il y en a qui
le peuvent. Mais d'autres sont de fond en
comble des solitaires, et ils ne sont pas destinés
à être sociables ; toute relation est pour eux la
source d'un péril et d'une hostilité ; la maison
qu'ils construisent se dresse sur eux-mêmes,
parce qu'ils n'ont pas de patrie [1] qui la porte ;
en même temps que les gens qu'ils aiment
entre chez eux une trop grande proximité, et ils
sont privés des vastes espaces.

O Lou, dans un seul poème qu'il m'est
permis de réussir, il y a bien plus de réalité que
dans aucune relation ou dans toute l'affection
que je peux ressentir ; c'est lorsque je crée que
je suis vrai, et je voudrais trouver la force de
fonder ma vie là-dessus, sur cette simplicité et
cette joie infinies qui me sont données parfois.
Quand je suis allé auprès de Rodin, c'était déjà
cela que je cherchais ; car dans un pressentiment, je savais depuis des années que son
œuvre était un exemple et un modèle sans
limites. Maintenant que je l'ai quitté, je sais
que moi non plus, je ne devrais pas désirer ni
chercher d'autre réalisation que celle de mon
œuvre ; c'est là qu'est ma maison, c'est là que
sont les personnages qui me sont vraiment proches, c'est là que sont les femmes dont j'ai
besoin et les enfants qui grandiront et vivront

---

1. *Heimat* (voir l'avant-propos). Malgré ce que Rilke dit à
son beau-frère dans la lettre qu'il lui adresse le 29 avril
1904, et malgré les « leçons » à Kappus, la « communauté »
conçue comme « *le renforcement de deux solitudes voisines* » ne
le satisfait donc pas : la seule vraie communauté est pour lui
celle de son œuvre.

longtemps. Mais comment m'engager sur ce
chemin, — où est l'ouvrage de mon art, son
poste le plus bas, tout au fond, et le plus
infime [1], où il me soit permis de commencer à
faire quelque chose qui vaille ? Je ferai en sens
inverse, jusqu'au point de départ, tout le
chemin possible, et tout ce que j'ai fait n'aura
rien été, moins que le balayage d'un seuil où le
prochain visiteur, à nouveau, apporte déjà les
traces de son chemin. J'ai en moi de la patience
pour des siècles, et je veux vivre comme si mon
temps était très vaste. Je veux me rassembler en
fuyant toutes les distractions, et reprendre pour
l'épargner ce qui est à moi dans les utilisations
trop précipitées que j'en ai faites. Mais j'entends des voix bien intentionnées et des pas qui
approchent, mes portes tournent sur leurs
gonds... Et quand c'est moi qui cherche des
êtres humains, ils ne me donnent aucun conseil
et ne savent pas de quoi je parle. Face aux
livres, je suis le même (aussi maladroit), et ils
ne m'aident pas non plus, comme s'ils étaient
encore, eux aussi, trop humains... Seules les
choses me parlent. Les choses de Rodin, les
choses que l'on trouve sur les cathédrales
gothiques, les choses de l'Antiquité, — toutes
les choses qui sont des choses parfaites. Ce
sont elles qui m'ont renvoyé aux modèles, au
monde mouvant et vivant, vu avec simplicité,
sans interprétation, comme instigation à des
choses. Je commence à voir du Nouveau : souvent déjà, les fleurs représentent pour moi

1. Comme pour Rodin, éloge de la pauvreté et de l'humilité : « ...il lui a fallu réprimer un savoir-faire inné, pour
commencer dans la totale pauvreté ». (Auguste Rodin, ouv. cit.)
Car Rilke n'avait lui aussi que trop de facilité à écrire.

énormément, et des animaux me sont venues
des incitations étranges. Et les hommes aussi, il
m'arrive de les appréhender de cette manière,
des mains vivent quelque part, des bouches
parlent, et je regarde tout cela avec plus de
tranquillité et plus de justice.

Mais il me manque toujours la discipline, il
me manque la capacité et l'obligation de travailler, auxquelle j'aspire depuis des années.
Me manque-t-il la force ? Ma volonté est-elle
malade [1] ? Est-ce le rêve en moi qui bloque
toute action ? Des jours passent, et parfois j'entends la vie passer. Et rien n'est encore advenu,
rien n'est encore réel autour de moi ; je
continue à me partager sans cesse et mon flot
s'éparpille, — et pourtant, j'aimerais tant
m'écouler et grandir dans *un seul* lit ! Car,
n'est-ce pas, Lou, il faut qu'il en soit ainsi ; il
faut que nous soyons comme un fleuve, et non
pas que nous entrions dans des canaux pour
aller irriguer des prairies ? N'est-ce pas, nous
devons rassembler tous nos éléments et gron-
der ? Peut-être aurons-nous le droit, quand
nous serons très vieux, un jour, tout à la fin, de
ne plus résister, de nous répandre, de débou-
cher en un delta... *chère* Lou !

                                             Rainer.

[...] [2]

---

1. On voit que les conseils de travail donnés à Kappus ou
à Westhoff s'appuient aussi sur une frustration personnelle.
Cette « maladie de la volonté » fait penser à Proust.
2. Le post-scriptum concerne des questions de courrier.

A LOU ANDREAS-SALOMÉ

Rome, Via del Campidoglio 5
le trois novembre 1903

Te souviens-tu de Rome [1], chère Lou ?
Comment est-elle restée dans ta mémoire ?
Dans la mienne, il n'y aura un jour que ses
eaux, ces eaux mouvantes, précieuses et claires
qui vivent sur ses places ; ses escaliers, qui,
construits sur le modèle d'eaux tombant en
cascade, font si étrangement sortir une marche
de l'autre comme la vague de la vague ; ses
jardins en fête et la somptuosité de ses grandes
terrasses ; ses nuits qui durent si longtemps,
silencieuses et surpeuplées de grandes constel-
lations.
Du passé, qui a la plus grande peine à tenir
debout, je ne saurai peut-être plus rien ; rien de
ses musées, qui sont pleins de statues dépour-
vues de sens, et peu de chose de ses tableaux ;
je me souviendrai de la statue en bronze de
Marc Aurèle sur la place du Capitole, d'une

1. Voir la cinquième lettre à Kappus, du 29 octobre
1903, antérieure à celle-ci de quelques jours seulement.

belle chose de marbre au musée Ludovisi (le trône d'Aphrodite), d'une colonne dans quelque petite église oubliée, d'un quelconque vestige tout à fait inconnu, d'un regard sur la pauvre Campagna, d'un chemin solitaire en direction du soir et de la grande tristesse dans laquelle j'aurai vécu.

Car je suis mécontent de moi parce je n'ai pas de travail quotidien, que je suis fatigué sans pour autant être malade, mais dans l'anxiété. Quand, Lou, quand cette misérable vie commencera-t-elle à faire quelque chose qui vaille, quand son développement lui fera-t-il dépasser l'incapacité, la paresse et la morosité, pour entrer dans la simple et pieuse joie à laquelle elle aspire ? Se développe-t-elle, au moins ? Je n'ose guère me poser de question sur mon progrès, ma marche en avant, car je crains (comme ce personnage de Tolstoï [1]) de découvrir que ses traces tournent en rond et reviennent toujours à l'endroit funeste et désespérant d'où je suis si souvent parti.

D'où je veux à présent repartir encore, avec une peine indicible et bien peu de courage.

Ainsi commence donc l'hiver romain. Je vais essayer de voir beaucoup de choses, j'irai lire dans les bibliothèques ; et ensuite, quand il y aura un peu plus de clarté en moi, je resterai beaucoup à la maison et je me rassemblerai autour du meilleur de ce que je n'ai pas encore perdu. Car mon temps et ma force, dans la situation où je suis, ne peuvent se consacrer qu'à *une seule* tâche, celle-ci : trouver le chemin par lequel je puisse parvenir à un travail tran-

---

1. Dans *Maître et Serviteur*.

quille et quotidien où je puisse habiter en y trouvant plus de sécurité et d'appui que dans ce monde incertain et maladif qui, derrière moi, s'écroule, et devant, n'existe pas. La question de savoir si je trouverai ce chemin n'est pas nouvelle — mais les années passent et elle est devenue pressante, et il faut que je puisse répondre... Tu sais d'ailleurs par mes lettres d'Oberneuland quelle est la situation. Elle n'est pas bonne.

A partir de la mi-novembre, j'aurai un logement très calme : la dernière, la plus lointaine maison au fond d'un vieux et grand jardin près de la Porta del Popolo, à côté de la Villa Borghese ; construite pour être un pavillon de plaisance, elle ne comprend qu'une pièce à hautes fenêtres, et depuis le toit en terrasse, on voit, par-dessus le jardin, le paysage et les montagnes. C'est là que j'essaierai d'organiser ma vie sur le modèle des jours passés à Waldfrieden [1] ; d'y être aussi calme, aussi patient, aussi détourné de tout ce qui est extérieur qu'à cette époque joyeuse, bonne, pleine d'attentes : puissent ces jours devenir ceux de la « Paix du Jardin »...

[...] [2]

C'est l'automne chez toi, maintenant, et tu marches dans la forêt, dans la grande forêt où le regard pénètre si loin, dans le vent qui métamorphose le monde. Je pense au petit étang, à gauche du chemin de Dahlem, qui devenait toujours si grand et si solitaire en cette saison.

---

1. A Berlin-Schmargendorf en 1898, où la maison portait ce nom qui signifie « Paix de la Forêt ».
2. Ici, Rilke réclame des suggestions de lecture et l'indication d'une bonne traduction allemande de la Bible.

Je pense aux soirs après lesquels vient une nuit
de tempête qui enlève sur les arbres tout ce
qu'il y a de fané, et je pense à la tempête elle-
même, à la nuit qui vole à la face des étoiles
pour entrer dans le matin... Mais ici, rien ne
change ; seuls quelques arbres se métamorpho-
sent, comme s'ils avaient une floraison qui tire
sur le jaune. Et le laurier tient.

                                        Rainer.

A FRIEDRICH WESTHOFF

Rome, Villa Strohl-Fern,
le 29 avril 1904 [1]

Mon cher Friedrich,

Mère nous a souvent donné de tes nouvelles
ces derniers temps, et bien que nous ne
sachions rien de précis à ton sujet, nous sen-
tons que tu traverses une période difficile.
Mère ne pourra pas t'aider, car en réalité personne, dans la vie, ne peut aider autrui ; c'est
une expérience que l'on fait lors de chaque
conflit, de chaque désarroi : on est seul.

Ce n'est pas si terrible qu'il peut y paraître
au premier abord ; car ce qu'il y a finalement
de mieux dans la vie, c'est que chacun possède
tout à l'intérieur de lui-même : son destin, son
avenir, ses vastes espaces et tout son univers.
Mais il est vrai qu'il y a des moments où il est
difficile de rester en soi-même et de se supporter à l'intérieur de son propre moi ; il arrive
que juste aux moments où l'on devrait précisé-

1. Par la date, les thèmes et même la forme, cette lettre
est très proche de la septième lette à Kappus, du 14 mai.

ment s'accrocher à soi-même avec plus de fermeté et — devrait-on presque dire — d'entêtement égoïste, on se mette à la remorque de quelque chose d'extérieur, que pendant que se produisent des événements importants, on transporte son propre centre dans quelque chose d'étranger, dans une autre personne. Cela va contre les lois les plus élémentaires de l'équilibre, et il ne peut en sortir que des difficultés.

Clara [1] et moi, cher Friedrich, nous nous sommes compris en tombant précisément d'accord sur l'idée que toute communauté ne peut consister que dans le renforcement de deux solitudes voisines, et que tout ce qu'on a l'habitude d'appeler don de soi est par nature dommageable à la communauté : car lorsqu'un être humain s'abandonne, il n'est plus rien, et quand deux êtres humains renoncent tous les deux à eux-mêmes pour s'avancer l'un vers l'autre, il n'y a plus de sol sous leurs pieds, et tout le temps où ils sont ensemble n'est qu'une longue chute. — Nous avons, cher Fiedrich, non sans grandes souffrances, fait l'expérience de la même chose, nous avons fait l'expérience de ce que tout un chacun, s'il veut vivre sa propre vie, finit d'une manière ou d'une autre par apprendre.

Un jour peut-être, quand je serai plus mûr et plus vieux, j'écrirai un livre, un livre pour les jeunes gens ; non que je croie avoir mieux que d'autres su faire quoi que ce soit. Au contraire, la raison en serait que tout a été pour moi beaucoup plus difficile que pour les autres

1. Clara Rilke est la sœur de Friedrich Westhoff.

jeunes gens, depuis l'enfance et pendant toute
ma jeunesse.

J'ai eu ainsi des occasions incessantes d'apprendre qu'il n'y a pratiquement rien de plus
difficile que de s'aimer soi-même. Que c'est là
un travail, un labeur quotidien, Friedrich, un
labeur quotidien ; il n'y a, mon Dieu, pas
d'autre mot [1]. Et puis à cela s'ajoute que les
jeunes gens ne sont pas préparés à ce qu'il soit
si difficile d'aimer ; car la convention a essayé
de faire de cette relation extrême, la plus com-
pliquée de toutes, quelque chose de léger et de
frivole, de lui donner l'apparence de quelque
chose dont tout le monde serait capable. Il
n'en est pas ainsi. L'amour est quelque chose
de difficile, et il est plus difficile qu'autre chose
parce que dans d'autres conflits, la nature elle-
même commande à l'homme de se rassembler,
de concentrer toutes ses forces, tandis que dans
l'exaltation de l'amour, le charme et la tentation sont dans l'abandon total de soi. Mais
réfléchis : est-ce que cela peut produire
quelque chose de bien, lorsqu'on se donne non
pas comme un tout bien ordonné, mais selon le
hasard, pièce par pièce, comme cela se trouve ?
Est-ce que se donner de cette manière, qui est
plutôt se jeter soi-même au rebut, se déchirer
en petits morceaux, est-ce que cela peut être
quelque chose de bon, peut signifier le bonheur, la joie, le progrès ? Non, c'est impossible... Quand tu offres des fleurs à quelqu'un,
tu commences par les ordonner, n'est-ce pas ?
Or les jeunes gens qui s'aiment se jettent l'un à

---

1. Ici, ce n'est donc pas seulement l'amour de l'autre qui
est qualifié de « travail », mais aussi — et d'abord — l'amour
de soi.

l'autre, dans l'impatience et la hâte de leur passion, et ils ne remarquent pas combien cet
abandon désordonné trahit un manque d'estime réciproque, ils ne le remarquent qu'ensuite, avec étonnement et rancœur, lorsque
surviennent les dissensions que fait naître entre
eux tout ce désordre. Et lorsque la désunion
s'est installée, la confusion ne fait que croître
tous les jours ; aucun des deux n'a plus rien
autour de soi qui ne soit brisé, avarié, qui soit
resté pur, et au milieu de la désolation de ces
ruines, ils cherchent à maintenir l'apparence de
leur bonheur — car tout cela est censé n'avoir
eu lieu que pour ce bonheur. Hélas ! ils ne sont
même plus capables de se souvenir de ce qu'ils
entendaient par bonheur. Dans son manque
d'assurance, chacun devient toujours plus
injuste envers l'autre ; ceux qui voulaient ne se
faire que du bien n'agissent plus l'un envers
l'autre que de façon autoritaire et impatiente,
et dans leur désir d'échapper d'une manière
quelconque à cet état intenable, insupportable,
de leur confusion, ils commettent la faute la
plus grave qui se puisse trouver dans les relations humaines : ils deviennent impatients. Ils
se précipitent vers une conclusion, vers une
décision qu'ils croient définitive, ils tentent de
fixer une fois pour toutes un rapport dont les
transformations surprenantes les a remplis d'effroi, afin qu'il reste désormais « éternellement »
— comme ils disent — le même. Ce n'est que
la dernière erreur dans cette longue chaîne
d'errements accrochés l'un à l'autre. Même ce
qui est mort, il est impossible de le retenir défi-
nitivement (car cela continue à se décomposer
et à se transformer à sa manière) : aussi bien

moins encore ce qui est vivant et vif peut-il
recevoir une fois pour toutes un traitement
ultime. Vivre, c'est justement se métamorphoser, et les relations humaines, qui sont un
concentré de vie, sont ce qu'il y a de plus ins-
table, elles montent et descendent minute par
minute, et c'est justement dans la relation et le
contact entre ceux qui s'aiment que pas un instant ne ressemble à un autre. Ce sont des êtres
entre lesquels ne se produit jamais quoi que ce
soit d'habituel, qui ait déjà eu lieu, mais toujours du nouveau, de l'inattendu, de l'inouï. Il
y a des relations qui doivent être un bonheur
très grand, un bonheur presque insupportable,
mais elles ne peuvent s'instaurer qu'entre des
êtres très riches, entre ceux qui, chacun de son
côté, sont riches, ordonnés et rassemblés, elles
ne peuvent relier que deux mondes propres à
chacun, vastes et profonds. — Les jeunes gens
— cela tombe sous le sens — ne peuvent pas
entrer dans une pareille relation, mais ils peuvent, s'ils comprennent correctement leur vie,
se développer lentement pour atteindre un
pareil bonheur et s'y préparer. Ils ne doivent
pas oublier, quand ils aiment, qu'ils sont des
débutants, des gâte-sauce de la vie, des
apprentis de l'amour, — ils doivent *apprendre*
l'amour, et il y faut (comme pour *tout* apprentissage) du calme, de la patience et de la
concentration !
   Prendre l'amour au sérieux, souffrir et l'apprendre comme un travail, c'est cela, Friedrich, qui fait défaut aux jeunes personnes.
— Les gens ont mal compris, comme tant
d'autres choses, la place de l'amour dans la vie,
ils en ont fait un jeu et un plaisir, parce qu'ils

croyaient qu'on trouvait dans le jeu et le plaisir plus de félicité que dans le travail ; or il n'y a rien qui procure plus de bonheur que le travail, et l'amour, justement parce qu'il est le suprême bonheur, ne peut pas être autre chose qu'un travail. — C'est pourquoi celui qui aime doit essayer de se comporter comme s'il avait un grand travail à faire : il doit rester long-temps seul, rentrer en lui-même, se concentrer et se contenir ; il doit travailler ; il doit devenir quelque chose !

Car, Friedrich, crois-moi, plus on est soi-même, plus tout ce que l'on vit est riche. Et celui qui veut avoir dans sa vie un amour pro-fond doit pour cela épargner, rassembler, amasser du miel [1].

Il ne faut jamais désespérer lorsqu'on perd quelque chose, un être, une joie ou un bon-heur ; tout reviendra, plus magnifique encore. Ce qui *doit* tomber tombe ; ce qui nous appar-tient vraiment nous reste, car tout se produit selon des lois qui dépassent notre sagacité et avec lesquelles nous ne sommes qu'apparem-ment en contradiction. Il faut vivre en soi-même et penser à la *totalité* de la vie, à tous les millions de possibilités, d'immensités et d'ave-nirs qu'elle contient, face auxquels il n'y a rien de passé ni de perdu. —

Nous pensons tellement à toi, cher Fried-rich ; notre conviction est que tu aurais depuis longtemps trouvé par toi-même et du fond de toi-même, dans la confusion des événements, l'issue propre et solitaire qui est seule

1. Même image dans les lettres à Kappus du 16 juillet et du 23 décembre 1903.

capable de te venir en aide, si tout le fardeau du service militaire ne pesait encore sur toi...

Je me souviens qu'après mes années d'enfermement à l'école militaire, mon besoin de liberté et mon amour-propre défiguré (qui a d'abord dû se remettre lentement des plaies et des bosses qu'on lui avait infligées) voulaient me pousser vers des égarements et des désirs qui en fait n'appartenaient pas à ma vie : mon bonheur a été d'avoir mon travail ; c'est en lui que je me suis trouvé et que je me trouve tous les jours, et je ne me cherche nulle part ailleurs. C'est ainsi que nous faisons tous les deux ; c'est ainsi que sont la vie de Clara et la mienne. Et tu y viendras aussi, garde courage, tout est devant toi, et le temps qui passe sous le poids de la difficulté n'est jamais perdu. Nous te saluons, cher Friedrich, de tout notre cœur :

                              Rainer et Clara.

Rome, Villa Strohl-Fern,
le 12 mai 1904

[...]

J'ai loué jusqu'à l'automne (jusqu'au mois d'octobre) mon petit pavillon de jardin dans le parc de la Villa Strohl-Fern. J'espérais pouvoir y tenir tout l'été (ou du moins la plus grande partie de celui-ci) ; je sais maintenant qu'il ne faut pas y songer. Mais j'avais aussi l'intention de garder la maison un an de plus : car où en retrouverais-je une pareille ? Une toute petite maison, pour moi tout seul, avec de grandes fenêtres et un toit plat qui sert de terrasse, contenant une grande pièce simple et claire, et située tout au fond, tout au fond d'un jardin privé, inaccessible et isolée, à mille lieues de la circulation et du bruit — : un sentiment me conseillait de tenir, dans un endroit où tout cela peut être à moi, aussi longtemps que le permettraient si peu que ce soit les conditions extérieures de la vie, de toute façon si incertaines et si contraires à la patience ; mais

aujourd'hui, le même sentiment me dit qu'il
ne faudrait s'accrocher à de si favorables possibilités de logement que si tout cela se trouvait sous des cieux plus sains, où l'on puisse
vivre toute l'année sans peur ni crainte.
L'automne, ici, a été mauvais, l'hiver dépri-
mant avec tout son sirocco et ses longues
pluies, et le printemps que tout le monde
porte aux nues n'est qu'une course folle tombant dans les périls de l'été, comme une chute
sans repos. Des gens qui vivent ici prétendent
au surplus que ce sont les nouveaux arrivants
qui supportent le mieux le climat romain, et
que, d'une année à l'autre, on le tolère de
plus en plus mal et on se trouve de plus en
plus démuni face à l'impression de mal de
mer que donnent les jours de sirocco. A cela
s'ajoute que j'ai dû ces dernières années (j'ai
déjà éprouvé cela il y a un an à Viareggio
— mais je l'attribuais à d'autres circonstances)
m'éloigner beaucoup, beaucoup de ce qui est
italien. Si je ressens tout, à présent, d'une
manière si différente, c'est peut-être aussi
parce que je suis à Rome et non dans le pays
toscan, qui me parlait de si près grâce à Bot-
ticelli et aux Della Robbia, au blanc de ses
marbres et au bleu de son ciel, à ses villas, ses
roses, ses cloches et ses jeunes filles étrangères — ; mais il parlait, justement (et Rome
parle aussi), il ne se taisait pas et ne grondait
pas : il parlait. Il me parlait à me rendre les
joues brûlantes — (et je me demande parfois
si c'était là vraiment ce qui était bon et important pour moi, et si mon premier Viareggio,
qui s'était achevé malgré tant de prodigalité
dans le néant, par un tel feu d'artifice, n'était

pas déjà une preuve que l'influence italienne
ne fait pas partie de ce qui me fait vraiment
avancer).

Quoi qu'il en soit, — ce qui est sûr, c'est
que des pays plus nordiques et plus sérieux
ont, depuis, éduqué mes sens à ce qui est discret et simple, si bien qu'ils ressentent à présent comme un recul vers les images de livre
d'école ce qu'il y a de criard et de fort, de
schématique et de non transformé dans les
choses d'Italie. Cela s'est fait tout seul : je n'ai
accueilli tout ce printemps si net et si pro-
digue qu'en pur botaniste, avec l'attention
tranquille et objective qui est de plus en plus
celle de mon regard, et j'ai appris que ses
mouvements et ses voix, l'envol et le trajet de
ses oiseaux ne m'intéressait que tout à fait
objectivement, sans que je l'aie jamais ressenti
comme un tout, comme quelque chose de
vivant, de mystérieux, comme une âme qui,
vivante, toucherait à mon âme. J'ai constaté
des détails, et comme j'ai si peu observé jusqu'ici, comme, dans la simple contemplation
de même que dans tant d'autres domaines, je
suis un débutant — je me suis satisfait de
cette occupation, où je faisais des progrès.
Quand il est arrivé cependant, une fois ou
l'autre, que j'attende quelque chose qui vienne
du Tout ou que j'en aie besoin, je m'ouvrais,
mais me refermais tout aussi vide qu'auparavant, et je restais sur une grande faim. Semblable à un poumon dans un espace où l'air
est vicié, mon âme s'asphyxiait dans un
monde confiné où le printemps n'apporte rien
de nouveau, rien de vaste, rien qui s'étende à
perte de vue. J'ai senti la grande pauvreté qu'il

y a dans la richesse [1] : chez nous, une première petite fleur est un monde, un bonheur
qui, lorsqu'on y participe, rend infiniment
bon, — et ici surgissent des troupeaux de
fleurs sans que rien bouge en nous, sans que
rien participe, ait l'impression d'être apparenté, se sente commencer en l'autre. Ici, tout
est résolu dans le sens de la légèreté, et de ce
qu'il y a de plus léger dans la légèreté [2]. Des
fleurs poussent sur la terre et sur les arbres,
des anémones fleurissent et des glycines, et on
se le dit, on se le répète comme à quelqu'un
qui est dur d'oreille. Mais tout n'est qu'ap-
parent et faux, ce sont des attrapes ; les couleurs sont bien là, mais elles se soumettent
toujours paresseusement à une tonalité vul-
gaire et ne se développent pas à partir d'elles-
mêmes. L'arbre de Judée s'est mis à fleurir, à
fleurir, à fleurir, même du tronc jaillisssait,
comme des entrailles tuméfiées de sang, sa
floraison surabondante et stérile, et en peu de
semaines, tout, les anémones, le trèfle, les
seringas, les asters, tout était violet, avait pris
son violet, Dieu sait pour quelles raisons,
— par paresse, par suivisme, par manque
d'idées personnelles. Et maintenant encore, les
roses rouges, celles qui sont fanées, se cou-
vrent de ce violet cadavérique, et les fraises
l'ont aussi quand elles attendent une journée,
et les couchers de soleil le gonflent tant et si
bien que le matin et le soir on le retrouve
dans les nuages. Et les ciels où se déroulent

1. Et donc la richesse de la pauvreté s'étend non seulement à l'art, mais aussi à la nature.
2. Voir la lettre à Kappus du 14 mai 1904, à propos des
conventions amoureuses.

des jeux de couleurs si vulgaires sont secs,
comme ensablés ; ils ne sont pas partout, ils
ne jouent pas, comme les ciels de la lande, de
la mer et des plaines, autour des choses, ils ne
sont pas le commencement infini d'immensités, ils sont conclusion, rideau, fin, — et derrière les derniers arbres qui se dressent à plat
comme les éléments d'un décor sur ce fond
indifférent d'atelier photographique, — il n'y
a plus rien. C'est véritablement un ciel qui
s'étend sur du passé ; un ciel tari, vide, aban-
donné, alvéole de ciel d'où la dernière goutte
de douceur a été bue depuis longtemps. Tel
le ciel, telles les nuits ; et telles les nuits, telle
la voix des rossignols. Là où les nuits sont
vastes, sa sonorité est profonde, ils vont la
chercher infiniment loin et la portent jusqu'au
point ultime. Ici, le rossignol n'est réellement
qu'un petit oiseau en rut, au chant sec et aux
nostalgies faciles à exaucer. Au bout de deux
nuits, on a déjà pris l'habitude de ses appels
et on les constate avec une certaine réserve
intérieure, comme si l'on craignait, en y prenant part davantage, de faire mal à ses propres
souvenirs, au souvenir de nuits à rossignols
qui sont tout à fait, tout à fait autres.

L'atmosphère d'exposition qui est si typique
de la ville est aussi le caractère le plus visible
du printemps romain : ce qui se produit ici, ce
n'est pas le printemps, c'est une exhibition du
printemps. Aussi, les étrangers, bien sûr, s'en
réjouissent, ils se sentent honorés comme de
petits souverains en l'honneur desquels tout a
reçu son plus beau lustre ; pour ces honorables
Allemands, l'Italie a sans doute toujours été
cette sorte de visite royale avec arcs de

triomphe, fleurs et feux d'artifice. Mais en un
certain sens, ils ont raison : ils descendent
parce qu'ils sont las de l'hiver, du chauffage et
de l'obscurité, et ils trouvent ici le soleil et le
confort servis sur un plateau. Ils n'en demandent pas plus. Et c'est une impression de cette
sorte, en effet, que m'ont donnés parfois dans
le passé Arco ou Florence, avec les bienfaits
qui s'y reliaient. Mais lorsqu'on a vu ici, en
autochtone, l'hiver tout entier (plein de la lente
et grincheuse agonie de ce qui se refuse à mourir), alors le miracle que l'on se promettait
tombe à plat. On sait que ce n'est pas là un
printemps, parce qu'on a vu qu'aucun ne *devenait*, que ces fleurs ont eu aussi peu de difficulté à surgir à tel ou tel endroit qu'une déco-
ration, par exemple, à être suspendue ici ou là.
Et l'on comprend alors si bien — la vie toute
d'apparence de ce peuple passé, l'emphase de
son art d'épigones, la beauté de jardin public
des vers de D'Annunzio. —

Il est bon que j'aie fait si lentement et phy-
siquement l'expérience de tout cela ; car l'Italie
constituait encore pour moi un appel, un épi-
sode inachevé. A présent, je peux la quitter
sans regret, car la conclusion est faite.

Cela me sera certes difficile, parce que cette
petite maison est à l'endroit où elle est et qu'on
ne peut pas l'emporter pour la dresser dans un
autre jardin, plus nordique ; difficile, parce que
cette nouvelle rupture arrive à l'improviste et
débouche sur l'incertain ; difficile — parce
qu'aussi je suis las des ruptures et des recom-
mencements.

Mais il le faut tout de même. Si tu me
demandes où j'irai, laisse-moi un instant de

réflexion. Je répondrai n'importe où, pourvu qu'il y ait encore une petite maison comme celle-là toute seule dans un grand jardin, superflue pour tout le monde, mais pour moi ajustée comme un bon vêtement ! Je sais bien que ces maisons sont rares, qu'elles ne se cherchent pas : elles se trouvent. Et c'est pourquoi je ne demande à personne de renseignements.

Mais je n'hésiterai pas à dire quelles circonstances *n'entrent pas* en ligne de compte dans le choix de mon prochain lieu de séjour.

Clara Rilke, ma femme, partira bientôt d'ici (sans doute avant moi) et tentera, à la campagne non loin de Brême (d'où lui viendront le plus facilement des élèves, garçons et filles, et des commandes de portraits), de vivre pour elle-même et pour le travail qui est sa vocation. — La petite Ruth, notre fille bien-aimée, restera encore chez les parents de ma femme, sur le domaine campagnard où sa vie a pris racine et pousse bien et droit. — Pour la question du gagne-pain, qui revient avec ses menaces et son insistance à chaque changement, je dirai que je ne ferme pas les yeux et n'en repousse pas l'échéance jusqu'au moment où elle sera devenue plus urgente ; je la vois, et je sais en permanence qu'elle est là. Si pourtant je ne lui accorde pas la voix prépondérante dans le choix actuel du lieu, c'est parce que j'ai de plus en plus la conviction qu'un jour ou l'autre, mon pain me viendra obligatoirement de mon travail ; car c'est un travail, qui est donc, en tant que tel, nécessaire, et il doit être possible (ou devenir possible) de le faire et d'en vivre, s'il est bien fait. L'art est un très long chemin, celui de toute une vie, et quand je vois com-

bien ce que j'ai fait jusqu'ici est infime, tout
juste digne d'un débutant, je ne m'étonne pas
que ce résultat (qui équivaut à avoir labouré
à demi, dans un champ, une bande de terre
d'un pied de large) ne puisse pas me nourrir.
Les projets ne font pas de fruits, et ce qu'on
a semé trop tôt ne lève pas. La patience et le
travail, eux, sont réels, et ils peuvent à tout
instant se transformer en pain. « Il faut toujours travailler », me disait Rodin chaque fois
que j'essayais de me plaindre auprès de lui de
l'écartèlement de la vie quotidienne ; il ne
connaissait pas d'autre solution, et cela avait
été la sienne. Il a été nié des dizaines d'années
durant, et s'il n'avait vécu que de ses projets
en attendant des jours meilleurs, tout le
monde serait passé sur lui comme s'il n'avait
pas existé ; mais en se dressant au milieu des
gens, son univers les a forcés à s'arrêter, formant un obstacle qu'on était bien obligé de
prendre en considération. — Rester sur mon
travail et ne mettre toute ma confiance *qu'en
lui*, c'est ce que m'enseigne son grand, son
généreux exemple, comme il m'enseigne la
patience ; mon expérience, il est vrai, ne cesse
de me répéter que je ne peux pas compter sur
une très grande force, et c'est pourquoi, aussi
longtemps que cela sera à peu près possible,
je ne veux pas faire deux choses à la fois,
séparer mon gagne-pain de mon travail, mais
bien plutôt trouver les deux dans la concentration d'un seul et même effort : c'est la seule
façon pour ma vie de devenir quelque chose
de bon et de nécessaire, de guérir sa déchirure
héréditaire et immature pour se transformer
en un tronc qui fructifiera.

C'est pourquoi je veux décider de mon prochain lieu de séjour en fonction de mon travail et
de lui seul, sans tenir compte de quoi que ce soit
d'autre. Je le veux d'autant plus que je me sens
actuellement pris dans des évolutions et des
transitions (des transformations qui touchent
dans la même mesure le regard et la création) qui
mèneront peut-être peu à peu à la possibilité
d'un *toujours travailler* réellement capable de me
faire vaincre en un certain sens toutes les difficultés extérieures et intérieures, les dangers et les
chaos. Car les effets que ma santé, qui est peu
fiable, exerce sur mon travail pourraient un jour
être équilibrés par la rétroaction que l'impossi-
bilité de travailler exerce à son tour sur ma
santé : ainsi, l'abîme intérieur se refermerait, et
la misère extérieure ne s'accompagnerait plus
d'angoisse ; car lorsqu'on *travaille toujours*, on
peut aussi vivre, on doit le pouvoir.

[...] [1]

Mais ces voyages et ces livres ne pressent
pas ; je commencerai sans doute d'abord par
Jacobsen. Tu ne saurais croire combien il m'est
devenu indispensable ; des chemins toujours
nouveaux, souvent seul, souvent avec ma
femme (qui lit si bien ses livres, et avec tant
d'amour) m'ont sans cesse mené à lui ; de
même que c'est une étrange expérience que de
constater combien ses paroles et celles de
Rodin concordent souvent jusqu'à se recouvrir
exactement : on a alors ce sentiment d'une
clarté de cristal, tel que le donne dans les

1. Rilke donne ici le détail de ses projets de travail, au
nombre desquels se trouve une monographie sur Jacobsen,
pour laquelle il compte entreprendre le voyage en Scandinavie.

démonstrations mathématiques l'instant où deux lignes lointaines, comme venues de l'éternité, se rejoignent en un point, ou encore celui où deux grands nombres complexes, qui ne se ressemblent en rien, s'effacent tous les deux en même temps pour reconnaître ensemble un signe unique et simple comme étant ce dont il s'agit. — Une telle expérience procure une joie d'une étrange pureté. —

A côté de ces travaux, pour les accompagner et les compléter, j'envisage quelques études [1]. Je me mets déjà à apprendre le danois, tout d'abord pour pouvoir lire Jacobsen et bien des choses de Kierkegaard sans intermédiaire.

Ensuite, j'ai commencé à Paris quelque chose que j'aimerais poursuivre : la lecture du grand dictionnaire allemand des frères Grimm [2], d'où peuvent venir pour quelqu'un qui écrit, m'a-t-il semblé, bien de la nourriture et des enseignements. Car on devrait en fait connaître et savoir employer tout ce qui est un jour entré dans la langue et y est encore, au lieu de vouloir s'accommoder de réserves constituées au hasard, qui sont bien minces et ne sont pas un choix. Ce serait une bonne chose si cette occupation m'amenait de temps en temps à lire un auteur du Moyen Age ; ce gothique

----

1. Dans son souci du *savoir* et du *réel*, Rilke, en grande partie autodidacte, reprend régulièrement ce projet de vastes études, y compris universitaires.
2. On ne doit pas seulement à ces esprits encyclopédiques qu'étaient Jacob et Wilhelm Grimm les *Contes* qu'ils ont recueillis et qui portent leur nom, mais aussi, entre autres, cet immense *Dictionnaire allemand*, dont la publication a commencé en 1854 et ne s'est véritablement achevée qu'en 1971. Il fait autorité en raison de sa richesse incomparable, tant lexicale qu'historique.

qui, dans la plastique, a pu donner des productions si vastes et si inoubliables ne devrait-il pas aussi avoir eu et avoir créé une langue plastique, des mots comme des statues et des vers comme des alignements de piliers ? Je ne sais rien, rien de tout cela. Rien, je le sens, de ce que voudrais savoir. — Il y a tant de choses dont un vieil homme devrait nous parler tant que nous sommes petits ; car lorsqu'on est adulte, il serait alors tout naturel de les connaître. Voilà les firmaments, et je ne sais pas ce que les hommes en ont déjà appris, que dis-je, je ne connais même pas la disposition des étoiles. Et il en va de même pour les fleurs, les animaux, les lois les plus simples qui sont à l'œuvre ici ou là et qui, en quelques pas, traversent le monde du commencement à la fin. Comment naît la vie, comment elle œuvre dans les êtres infimes, comment elle se ramifie et s'étend, comment la vie fleurit et comment elle porte ses fruits — voilà ce que j'ai le grand désir d'apprendre. Me lier plus fermement, en prenant part à tout cela, à la réalité qui me nie si souvent, — *exister*, non par le sentiment seul, mais encore par le savoir, toujours et encore, c'est de cela, je crois, que j'ai besoin pour devenir plus sûr et moins dépourvu de patrie [1]. Tu sens que ce ne sont pas des sciences que je cherche, car chacune réclame une vie entière, qui ne suffit pas ne serait-ce que pour l'entamer ; mais j'aimerais cesser d'être un exclu, quelqu'un qui est incapable de lire le journal profond de son temps, qui renvoie à l'avenir et au passé, un prisonnier qui pressent tout, mais

1. « *heimatlos* » — voir l'avant-propos.

qui ne connaît pas cette petite certitude de
savoir si, à cette heure, c'est le matin ou le soir,
le printemps ou l'hiver. J'aimerais apprendre, à
un endroit où cela est possible, ce que je saurais sans doute s'il m'avait été donné de
grandir à la campagne, parmi des gens plus
attachés à l'essentiel ; apprendre ce qu'une
école impersonnelle et trop rapide a oublié de
me dire, et ce que l'on a trouvé d'autre, que
l'on a découvert depuis, avec tout ce qui s'y
rattache. Ce ne sont pas l'histoire de l'art ni
l'autre histoire que je voudrais apprendre, ce
n'est pas l'essence des systèmes philosophiques
— je ne voudrais aller chercher et pouvoir
mériter que quelques certitudes grandes et simples qui sont là pour tout le monde ; je voudrais avoir le droit de poser quelques questions
comme en posent les enfants, apparemment
sans lien pour ceux qui sont à l'extérieur, mais
qui ont un grand air de famille pour moi qui
connais leur naissance et leur généalogie
jusqu'à la dixième génération.

[...] [1]

---

1. Rilke poursuit le lendemain par un long ajout où il
demande conseil sur le choix d'une université et expose un
plan d'études détaillé.

A CLARA RILKE

Paris VIᵉ ; 29, rue Cassette,
le 9 octobre 1907 [1]

...aujourd'hui, je voulais te parler un peu de Cézanne. Pour ce qui est du travail, il affirmait que jusqu'à sa quarantième année, il avait vécu en bohème. Ce ne serait qu'alors, quand il eut fait la connaissance de Pissarro, que le goût du travail lui serait venu. Mais alors à un tel degré qu'il n'a rien fait d'autre que travailler pendant les trente dernières années de sa vie. A vrai dire sans joie, semble-t-il, dans une rage permanente, en conflit avec chacun de ses travaux, dont aucun ne lui semblait atteindre ce qu'il tenait pour le plus indispensable. Il appelait cela *la réalisation* [2], et il le trouvait chez les

---

1. Cette lettre est la quatrième des dix-huit *Letttres sur Paul Cézanne et sur quelques autres* envoyées par Rilke à Clara entre le 6 octobre (Paris) et le 4 novembre 1907 (« *Dans le train entre Prague et Breslau* »). Regroupées postérieurement, elles sont le fruit du Salon d'automne de 1907, où avait été organisée une rétrospective de l'œuvre de Cézanne, mort l'année précédente.
2. En français dans le texte.

Vénitiens qu'il avait autrefois vus et revus au
Louvre, et auxquels il vouait une estime
absolue. Ce qui était capable de convaincre, la
transformation en chose, la réalité qui, dans
l'objet, grâce à l'expérience propre de l'artiste,
était exaltée jusqu'à son accession à l'indes-
tructible — voilà ce qui lui semblait être la
visée de son travail le plus intime ; vieux,
malade, épuisé tous les soirs jusqu'à l'évanouis-
sement par la régularité de son travail quotidien (au point qu'il allait souvent se coucher à
six heures, dès que la nuit tombait, après une
collation qu'il ingérait dans l'indifférence),
mauvais, méfiant, raillé sur son chemin chaque
fois qu'il allait à son atelier, moqué, maltraité
— mais célébrant le dimanche, allant entendre
la messe et les vêpres comme lorsqu'il était
enfant, et demandant très poliment à
Mme Brémond, sa gouvernante, un repas un
peu meilleur : espérait-il peut-être jour après
jour atteindre tout de même la réussite qu'il
éprouvait comme la seule chose essentielle ?
Avec cela, il s'était dans son travail (si l'on en
croit celui qui a rapporté tous ces faits, un
peintre point trop sympathique qui avait fait un
bout de chemin avec tout le monde [1]) com-
pliqué la tâche avec la plus grande obstination.
Résistant consciencieusement devant son objet,
pour les paysages et les natures mortes, il ne le
saisissait cependant qu'à travers des détours

1. Emile Bernard (1868-1941), qui a été lié avec Toulou-
se-Lautrec, Van Gogh, Gauguin, a traversé le néo-
impressionnisme, le cloisonnisme, le synthétisme, le primi-
tivisme, avait publié en octobre 1907 dans le Mercure de
France ses *Souvenirs sur Cézanne*. Rilke y puise de nombreux
renseignements.

d'une extrême complexité. Attaquant par la teinte la plus sombre, il en couvrait la profondeur par une couche de couleur qu'il passait sur la première en débordant un peu et ainsi de suite ; élargissant couleur après couleur, il parvenait peu à peu à un autre élément en contraste, à partir duquel, comme d'un nouveau centre, il procédait de la même manière. Il me semble que les deux processus, la saisie par le regard, pleine de sûreté, et l'appropriation et l'utilisation personnelle de ce qui a été saisi, s'opposaient chez lui l'un à l'autre, commençaient ensemble à parler, en quelque sorte, se coupaient constamment la parole, se disputaient continuellement. Et le vieillard supportait leurs querelles, allait et venait dans son atelier, dont la lumière était mauvaise parce que l'architecte n'avait pas jugé nécessaire d'écouter ce vieil original que l'on n'était pas convenu, à Aix, de prendre au sérieux. Il allait et venait dans son atelier dans lequel traînaient un peu partout les pommes vertes, ou bien il allait s'asseoir dans le jardin, désespéré, et restait assis là. Et devant lui s'étendait la petite ville, qui ne soupçonnait rien, avec sa cathédrale ; une ville faite pour les bourgeois convenables et modestes, tandis que lui, comme son père, qui était chapelier, l'avait prévu, il était devenu différent ; un bohème, comme son père l'avait vu et comme lui-même le croyait. Ce père, sachant que les bohèmes sont dans la misère et meurent, avait résolu de travailler pour son fils, était devenu une sorte de petit banquier à qui les gens (« parce qu'il était honnête », disait Cézanne) apportaient leurs fonds, et c'est à cette prévoyance que Cézanne dut plus tard d'avoir assez d'argent pour peindre en toute tranquillité. Peut-être est-il allé aux funérailles de ce père ; sa mère, il l'aimait aussi, mais lorsqu'elle fut enterrée, il n'était pas là. Il était « sur le motif [1] », comme il disait. A cette époque déjà, le travail était très important pour lui et ne tolérait aucune entorse, même pas celle que sa piété et sa simplicité lui avaient assurément conseillée.

A Paris, il commençait à être connu, et même plus, peu à peu. Mais ces progrès-là, qu'il ne faisait pas lui-même (mais que les autres faisaient, et de quelle manière, au surplus !), n'éveillaient chez lui que de la méfiance ; il avait encore trop distinctement à la mémoire la méconnaissance que trahissait l'image de son destin et de sa volonté esquissée dans *L'Œuvre* par Zola — qu'il connaissait depuis sa jeunesse et qui était un compatriote. Depuis lors, il était fermé à toute espèce d'écrivaillerie : « travailler sans le souci de personne et devenir fort — », criait-il à son visiteur [2]. Mais au beau milieu du repas, il se leva lorsque celui-ci parla de Frenhofer, le peintre que Balzac, dans sa nouvelle *Le Chef-d'œuvre inconnu* (dont je t'ai déjà parlé), a imaginé dans une incroyable prémonition des développements à venir, et qu'il fait succomber à une tâche impossible lorsqu'il découvre que les contours n'existent pas, que seule existe la vibration de la transitivité — en entendant cela, donc, le vieillard se lève de table, malgré Mme Brémond, qui ne voyait assurément pas d'un

1. En français dans le texte.
2. Même refus de la critique qu'au début de la première lettre à Kappus.

bon œil ces sautes d'humeur, et, privé de voix
par l'émotion, il ne cesse de se montrer lui-
même distinctement du doigt, lui-même, lui-
même, aussi douloureux que cela ait pu être.
Ce n'était pas Zola qui avait compris de quoi il
s'agissait ; c'était Balzac, qui avait pressenti
qu'en peinture, on peut soudain entrer dans
quelque chose qui est si grand, qui vous
dépasse tellement que personne ne saurait en
venir à bout [1].

Mais le lendemain, il ne s'en remit pas
moins à son labeur ; il se levait tous les matins
dès six heures, traversait la ville pour se rendre
à son atelier, où il restait jusqu'à dix heures ;
puis il reprenait le même chemin pour aller
déjeuner, il mangeait et reprenait sa marche,
souvent à une demi-heure au-delà de son atelier, « sur le motif » dans un vallon au-dessus
duquel le massif de la Sainte-Victoire dressait,
indescriptible, ses mille défis. Il y restait assis
pendant des heures, occupé à trouver et à intégrer les « plans [2] » — dont, très curieusement, il
ne cesse de parler en des mots exactement
identiques à ceux de Rodin. Du reste, il rappelle souvent Rodin dans ses déclarations.
Ainsi lorsqu'il se plaint du degré auquel on
détruit et on défigure quotidiennement sa
vieille ville. La différence est que là où l'immense équilibre d'un Rodin sûr de soi le

1. Si Cézanne est un personnage de Balzac, Rodin le
devient aussi aux yeux de Rilke lorsqu'il en modèle la
statue : « *Il croyait comme Balzac à la réalité de ce monde, et il
parvint, l'espace d'un moment, à s'y intégrer. Il vécut comme si
Balzac l'avait créé lui aussi, en se mêlant discrètement à la foule
de ses personnages.* » (*Auguste Rodin*, Ire partie, ouv. cit.,
p. 888).
2. En français dans le texte.

conduit à une constatation objective, il est, lui, le vieillard malade et solitaire, assailli par la rage. Le soir, au retour, il maugrée encore contre une quelquonque transformation, se met en colère, et lorsqu'il voit combien ces irritations l'épuisent, il se promet : je resterai à la maison ; travailler, ne plus rien faire que travailler.

Ces évolutions négatives qu'il constate dans la petite ville d'Aix lui permettent d'imaginer avec effroi ce que cela doit être ailleurs. Une fois qu'il était question de l'état actuel des choses, de l'industrie, de tout ce genre de sujets, il éclata, « avec des yeux terribles » : Ça va mal... C'est effrayant, la vie !

A l'extérieur, quelque chose de terrible et d'imprécis qui ne cesse de gagner du terrain ; un peu plus près, l'indifférence et le sarcasme, et puis soudain ce vieillard plongé dans son travail, qui ne peint plus de nus que d'après de vieux dessins qu'il a faits à Paris quarante ans plus tôt, parce qu'il sait qu'Aix ne lui accorderait aucun modèle. « A mon âge, disait-il, je pourrais tout au plus avoir une quinquagénaire, et je sais que même une personne de cet acabit ne se trouverait pas à Aix. » Il peint donc d'après ses vieux dessins. Et il éparpille ses pommes sur des dessus de lit qui, un jour ou l'autre, viennent à manquer à Mme Brémond, mêlées à ses bouteilles de vin et à tout ce qu'il a pu trouver. Et il fait de ces choses (comme Van Gogh) ses « saints » ; et il les force, il les *force* à être belles, à incarner le monde tout entier, le bonheur tout entier, la splendeur tout entière, et il ne sait pas s'il a pu les amener à faire cela pour lui. Et il reste assis au jardin

comme un vieux chien, le chien de ce travail
qui l'appelle une fois de plus, qui le bat, qui le
laisse mourir de faim. Et pourtant, il est
attaché par toutes ses fibres à ce maître incom-
préhensible qui ne le laisse revenir à Dieu que
le dimanche, un moment, comme à son premier propriétaire. — Et dehors, les gens
disent : « Cézanne », et ces messieurs de Paris
écrivent son nom avec des airs d'importance et
dans l'orgueil d'être bien informés —.

Voilà tout ce que je voulais te raconter ; cela
se rattache en cent endroits à bien de ce qui
nous entoure et à nous-mêmes.

Dehors, c'est une débauche de pluie — pas
de changement. Adieu... demain, je te parlerai
à nouveau de moi. Mais tu sais sans aucun
doute combien je l'ai encore fait aujourd'hui.

BIBLIOGRAPHIE

ÉDITIONS D'ENSEMBLE

Œuvres. Édition établie et présentée par Paul de Man, Paris, Seuil, 3 tomes, 1966-1976 ; t. I : *Prose* ; t. II : *Poésie* ; t. III : *Correspondance.*

Œuvres en prose – Récits et essais. Édition publiée sous la direction de Claude David, avec la collaboration de Rémy Colombat, Bernard Lortholary et Claude Porcell, Paris, Gallimard, « Bibliothèque de la Pléiade », 1993.

Œuvres poétiques et théâtrales. Édition publiée sous la direction de Gérald Stieg, avec la collaboration de Claude David (pour les œuvres théâtrales), Rémy Colombat, Jean-Claude Crespy, Dominique Iehl, Rémi Lambrechts, Marc de Launay, Jean-Pierre Lefebvre, Jacques Legrand, Marc Petit et Maurice Regnaut, Paris, Gallimard, « Bibliothèque de la Pléiade », 1997.

TEXTES EN ÉDITIONS SÉPARÉES

Les Cahiers de Malte Laurids Brigge. Trad. Maurice Betz, Paris, 1926 ; rééd. Seuil, « Points », 1996.

Les Carnets de Malte Laurids Brigge. Trad., préface et notes de Claude David, Gallimard « Folio », 1991.

Les Carnets de Malte Laurids Brigge. Trad., préface et notes de Claude Porcell, GF-Flammarion, 1995.

Le Chant de l'amour et de la mort du cornette Christoph Rilke. Trad. Maurice Betz, La Découverte, 1988.

Chants éloignés – poèmes et fragments. Trad. Jean-Yves Masson, Lagrasse, Verdier, 1990, rééd. 1999 (éd. bilingue).

Les Élégies de Duino — Les Sonnets à Orphée. Trad. Joseph-François Angelloz, Aubier, 1943 ; rééd. GF-Flammarion, 1992 (édition bilingue).

Les Élégies de Duino. – Les Sonnets à Orphée. Trad. Armel Guerne et Lorand Gaspar, Seuil, « Points », 1972 ; rééd. 2006 (éd. bilingue).

Élégies de Duino – Sonnets à Orphée. Trad. Roger Lewinter, Paris, G. Lebovici, 1989.

Élégies de Duino – Sonnets à Orphée. Trad. Jean-Pierre Lefebvre et Maurice Régnaut, préface de Gérald Stieg, Paris, Gallimard, « Poésie », 1997 (édition bilingue).

Histoires du bon dieu. Trad. Claude David, préface Jean-Yves Masson, Gallimard, « Folio bilingue », 2003 (édition bilingue).

Journal de Westerwede et de Paris, 1902. Trad. Pierre Deshusses, édition établie par Hella Sieber-Rilke, Paris, Rivages Poche/ Petite Bibliothèque Payot, 2003.

Lettres à un jeune poète. Trad. Bernard Grasset et Rainer Biemel, Grasset, 1937. Rééd. la plus récente : coll. « Les Cahiers Rouges », 2002.

Lettres à un jeune poète. Trad. Gustave Roud, Lausanne, 1945, rééd. Bibliothèque des Arts, 1990.

Lettres à un jeune poète. Trad., préface et notes de Claude Mouchard et Hans Hartje, Paris, Le Livre de Poche, 1989 ; rééd. 2003.

Lettres à un jeune poète. Trad. Martin Ziegler, Paris, Seuil, « L'École des loisirs », 1992.

Lettres à un jeune poète. Trad., présentation et notes de Marc B. de Launay, Paris, Gallimard, « Poésie », 1993 (édition bilingue).

Lettres à un jeune poète. Trad. Marc B. de Launay, dossier de Dorian Astor, lecture d'image Alain Jaubert, Gallimard, « Folioplus classique », 2006.

Le Livre d'heures : poésie (Le Livre de la vie monastique. – Le Livre du pèlerinage. – Le Livre de la pauvreté et de la mort). Trad. Gaston Compère et Frédéric Kiesel, Bruxelles, Le Cri, 2005 (édition bilingue).

Le Livre de la pauvreté et de la mort. Trad. Arthur Adamov, Arles, Actes Sud, 2001.

Poèmes (choix de), in *Anthologie bilingue de la poésie allemande.* Éd. établie par Jean-Pierre Lefebvre, Gallimard, « Bibliothèque de la Pléiade », 1993.

Poèmes à la nuit, suivis d'un texte de Marguerite Yourcenar. Trad. et présentation Gabrielle Althen et Jean-Yves Masson, Lagrasse, Verdier, 1999.

Poèmes français : Vergers, Les Roses, Les Fenêtres, Carnet de poche, Poèmes épars, Poèmes à Baladine, Paris, P. Hartmann, 1935.

La Princesse blanche : scène au bord de la mer. Trad. et présentation de Maurice Régnaut, notes et dessins de Yannis Kokkos, Arles, Actes Sud, 1987.

Serpents d'argent : nouvelles inédites, Paris, Desjonquères, 2006.

Le Vent du retour (choix de textes). Trad. et postface de Claude Vigée, Paris, Arfuyen, 1989.

Vergers. – Les Quatrains valaisans. – Les Roses. – Les Fenêtres. – Tendres impôts à la France. Préface de Philippe Jaccottet, Gallimard, 1978.

La Vie de Marie. Trad. et postface de Claire Lucques, Paris, Arfuyen, 1989.

CORRESPONDANCE

Rilke, Gide, *Correspondance.* Introduction de Renée Lang, Paris, R. Lang, 1949.

Lettres à une musicienne. Trad. et préface d'Armel Guerne, Paris, Falaize, 1952.

Rilke, Gide, Verhaeren, *Correspondance.* Présentation de Carlo Bronne, Paris, Messein, 1955.

Correspondance avec Lou Andreas-Salomé. Trad. P. Klossowski, Le Nouveau Commerce, 1976.

Rilke, Lou Andreas-Salomé, *Correspondance.* Trad. Philippe Jaccottet, Paris, Gallimard, 1980.

Rilke, Boris Pasternak, Marina Tsvetaieva, *Correspondance à trois.* Trad. Lily Denis et Ph. Jaccottet, Paris, Gallimard, 1983 ; rééd. coll. « L'Imaginaire », 2003.

Lettres françaises à Merline (1919-1922), Paris, Seuil, 1984 (rééd.).

Lettres à une amie vénitienne, Paris, Gallimard, 1985.

Correspondance avec Marie de Tour et Taxis. Trad. Pierre Klossowski, Paris, Albin Michel, 1988 (rééd.).

Lettres sur Cézanne. Trad. et présentation de Ph. Jaccottet, Paris, Seuil, 1991.

Lettres à un jeune peintre [Balthus]. Préface de Marc de Launay, Paris, Rivages, 2002.

Lettres à Lou Andréas Salomé. Trad. Dominique Laure Miermont, Paris, Mille et une nuits, 2005.

Lettres de Paris. Trad. Pierre Deshusses, Paris, Rivages poche/ Petite Bibliothèque Payot, 2006.

Rilke, Merline, *Correspondance*, Zurich, Max Niehans, s. d.

SUR RILKE ET SON ŒUVRE

Lou Andreas-Salomé, *Rainer Maria Rilke.* Trad. et postface de J. Le Rider, Maren Sell, 1989.

Joseph-François Angelloz, *Rainer Maria Rilke. L'évolution spiri-
tuelle du poète*, Paris, 1936 ; rééd. Mercure de France, 1952.
Maurice Betz, *Rilke à Paris*, Paris, 1941.
–, *Rilke et la France*, Paris, 1942.
Ralph Freedman, *Rilke, la vie d'un poète*. Trad. de l'anglais par
Pierre Furlan, Arles, Actes Sud, 1998.
Victor Hell, *Rainer Maria Rilke : existence humaine et poésie
orphique*, Paris, Plon, 1965.
Philippe Jaccottet, *Rilke*, Paris, Seuil, « Points », 2006.
Jean-Yves Masson, *Rainer Maria Rilke*, Éd. Aden, 2006.
Robert Musil, *Discours sur Rilke* (Berlin, 1927), in *Essais*, trad.
Philippe Jaccottet, Paris, Seuil, 1978 ; rééd. 1984.
Jürgen Siess, *Rilke : image de la ville, figures de l'artiste*, Paris,
Champion, 2000.
Tzvetan Todorov, *Les Aventuriers de l'absolu* [sur Oscar Wilde,
Rainer Maria Rilke, et Marina Tsvetaieva], Paris, Robert Laf-
font, 2006.

Revues

Dix-neuf-vingt, n° 11-12, numéro spécial consacré à Rilke, Paris,
Eurédit, 2001.
Europe, n° 719, numéro spécial consacré à Rilke, Messidor,
mars 1989.

ÉTUDES EN ALLEMAND

Hans Egon Holtusen, *Rainer Maria Rilke in Zeugnissen und Bild-
dokumenten*, Rowohlts Monographien, Hamburg, 1958.
Rudolf Kassner, *Rilke*, Pfullingen, 1956.
Eudo C. Mason, *Rainer Maria Rilke. Sein Leben und sein Werk*,
Göttingen, 1964.
Rilke-Handbuch. Éd. Manfred Engel, Stuttgart-Weimar, Metzler
Verlag, 2004.

CHRONOLOGIE

1875 : Naissance à Prague de René Karl Wilhelm Johann Josef Maria Rilke.

1886 : Entrée à l'école militaire de Sankt-Poelten.

1890-1891 : Ecole militaire supérieure de Weisskirchen-en-Moravie, puis école de commerce à Linz.

1892 : Rilke prépare à Prague sa « maturité » (baccalauréat) en candidat libre.

1894 : Publication de *Vie et Chansons* (poésies).

1895 : Obtention de la « maturité ». Université de Prague (histoire de l'art, philosophie, littérature). Publication d'*Offrande aux Lares*.

1896 : Université de Munich (histoire de l'art). Rencontre de Lou Andreas-Salomé. Publication de *Couronné de rêve* (poésies).

1897 : Prague, Arco, Venise. Avec Lou Andreas-Salomé à Wolfrathshausen, près de Munich. Publication de *Avent* (poésies).

1898 : Publication de *Au fil de la vie* (récits). Arco, Florence, Viareggio (avril-mai). Berlin-Schmargendorf (villa Waldfrieden). Rédaction d'*Ewald Tragy*.

1899 : Berlin-Schmargendorf.
Voyage à Arco, Bolzano, Innsbruck, Prague, Vienne.
Publication de *Deux histoires pragoises* (récits).
Avril-juin : premier voyage en Russie avec Carl Andreas et Lou Andreas-Salomé.
Publication de *Pour me fêter* (poésies) et de *La Princesse Blanche.*

1900 : Berlin-Schmargendorf.
Mai-août : deuxième voyage en Russie, en compagnie de Lou.
Août-octobre : Worpswede.
Octobre 1900-février 1901 : Berlin.
Publication des *Histoires du bon Dieu.*

1901 : Refroidissement des relations avec Lou.
Brême, installation à Westerwede.
Avril : mariage avec Clara Westhoff.
Publication de *Les Derniers* (récits).
Décembre : naissance de Ruth Rilke.

1902 : Westerwede.
Publication de *La Vie quotidienne* et du *Livre des chants* (première édition).
Août : arrivée à Paris.

1903 : Paris.
Avril : deuxième voyage à Viareggio.
Rédaction du *Livre de la Pauvreté et de la Mort* (poèmes — troisième partie du *Livre d'Heures*).
Juin : reprise des relations avec Lou.
Publication de *Worpswede.*
Juillet-août : Worpswede, Oberneuland (chez ses beaux-parents).
Fin août-début septembre : Venise, Florence.
Septembre : installation à Rome.
Décembre : Rome, Villa Strohl-Fern.
Publication de la première partie d'*Auguste Rodin.*

1904 : Début du travail aux *Cahiers de Malte Laurids Brigge.*

Juin-décembre : séjour en **Scandinavie**.
Publication du *Cornette Christoph Rilke*.

1905 : Avril-juin : Worpswede.
Juin : chez Lou à Goettingen.
Septembre : Rilke s'installe à Meudon chez Rodin,
dont il devient le secrétaire.
Publication du *Livre d'Heures* (poésies).

1906 : Mars : mort de son père.
Mai : brouille avec Rodin, installation rue Cassette
(VIᵉ arrondissement).
Voyage en Belgique.
Décembre : Capri.
1906-1907 : travail à la première partie des *Nou-
veaux Poèmes*.

1907 : Capri, Naples.
Mai : Paris.
Novembre : Venise.
Décembre : Oberneuland.
Lettres à Clara sur Cézanne.
Publication de la première partie des *Nouveaux
Poèmes*.
1907-1908 : travail à la deuxième partie des *Nou-
veaux poèmes*.

1908 : Février-avril : Capri.
Mai : Paris, hôtel Biron.
Publication de la deuxième partie des *Nouveaux
Poèmes*.

1909 : Voyages en Provence et en Forêt Noire.

1910 : Voyages en Allemagne et à Rome.
Publication des *Cahiers de Malte Laurids Brigge*.
Avril-mai : Duino et Venise.
Novembre-décembre : Voyage en Afrique du Nord,
puis à Naples.

1911 : Janvier-mars : Egypte. Début de la rédaction
des *Elégies de Duino* et de *La Vie de Marie*.
Paris.

Voyages en Bohême, en Allemagne.
Octobre 1911-mai 1912 : Duino (chez la princesse
Marie de Tour et Taxis).

1912 : Novembre 1912-février 1913 : voyage en
Espagne (Andalousie, Castille).

1913 : Paris. Voyages en Allemagne.
Publication de *La Vie de Marie.*

1914 : Paris. Rencontre de « Benvenuta » (la pianiste
Magda von Hattingberg).
Duino, Italie.
Août : Rilke se trouve en Allemagne. La déclaration
de guerre l'empêche de rentrer en France.
Il s'installe près de Munich.

1915 : Munich, Berlin, Vienne.

1916 : Incorporation dans les bureaux des Archives
militaires à Vienne (janvier-juin).
Retour à Munich.

1917 : Munich, Berlin.

1919 : Juin : départ pour la Suisse (né à Prague, dans
la nouvelle « Tchécoslovaquie », Rilke est provisoirement et officiellement apatride depuis l'éclatement
de l'Autriche-Hongrie).

1920 : Suisse. Voyage à Venise. Rencontre de « Mer-
line » (Baladine Klossowska, mère de Balthus et de
Pierre Klossowski).
Octobre : voyage à Paris.

1921 : Juillet : installation à Muzot (Valais).
Plusieurs rencontres avec Paul Valéry.

1922 : Février : achèvement des *Elégies de Duino* et
des *Sonnets à Orphée.*
Début des manifestations graves de la leucémie.

1923 : Publication des *Elégies* et des *Sonnets.*
Décembre 1923-janvier 1924 : sanatorium de Val-
Mont.

1924 : Voyages en Suisse. Nouveau séjour à Val-Mont.

1925 : Janvier-août : Paris.
Voyages en Italie et en Suisse.
Décembre : retour au sanatorium.
« *Correspondance à trois* » avec Boris Pasternak et Marina Tsvetaïeva.

1926 : Publication des poèmes en français (*Vergers, Sonnets valaisans*).
Voyages en Suisse.
Novembre : sanatorium de Val-Mont.
Rilke meurt le 29 décembre 1926 ; il est enterré le 2 janvier 1927, selon ses vœux, dans le petit cimetière de l'église de Rarogne.

TABLE

Interview : « Arnaud Cathrine,
pourquoi aimez-vous Lettres à un jeune poète *?»* ...   I

Avant-propos   7

Lettres à un jeune poète   29

Autres lettres...   103
   À Lou Andreas-Salomé, 25 juillet 1903.......   105
   À Lou Andreas-Salomé, 8 août 1903   111
   À Lou Andreas-Salomé, 3 novembre 1903 ...   121
   À Friedrich Westhoff, 29 avril 1904..............   125
   À Lou Andreas-Salomé, 12 mai 1904...........   133
   À Clara Rilke, 9 octobre 1907   145

Bibliographie   153
Chronologie   157

GF Flammarion

11/01/162118-I-2011 – Impr. MAURY Imprimeur, 45330 Malesherbes.
N° d'édition L.01EHPN000460.N001. – mars 2011. – Printed in France.